GEORGES AUDIGIER

La Fidèle Chanson

PARIS
PAUL OLLENDORFF, ÉDITEUR
28 bis, RUE DE RICHELIEU, 28 bis

1895
Tous droits réservés

La Fidèle Chanson

GEORGES AUDIGIER

La Fidèle Chanson

PARIS
PAUL OLLENDORFF, ÉDITEUR
28 bis, RUE DE RICHELIEU, 28 bis

1895

Tous droits réservés

LA FOI

> Viens reprendre ton rang dans ta splendeur première,
> Parmi ces purs enfants de gloire et de lumière
> Que d'un soufle choisi Dieu voulut animer
> Et qu'il fit pour chanter, pour croire et pour aimer !...
>
> LAMARTINE.

LA FOI

—

Vierge simple, très simple, au chaste vêtement
D'une seule couleur comme celui du cygne,
Droite comme l'épi, souple comme la vigne,
Ah ! tu reviens d'exil, jeune adorablement !...
Tu n'admets pas la peur de la mort ni de l'ombre,
Ton œil nettement bleu brille d'un regard clair
Où chante sans repos le mouvement sans nombre
    Du ciel et de la mer...

Ton âme transparente et ton naïf cantique
Trouvent, sans le savoir, un charme souverain ;
Ton front pur n'est pas fait pour le casque d'airain,
Mais tu pris son air calme à la Pallas antique ;
Libre, ta chevelure est pleine de soleil
Et ton rêve, au milieu des aurores fleuries,
Est plus audacieux que le galop vermeil
    Des blondes Walkyries !

Prométhée inventeur te demanda le feu
Qui fait mouvoir le corps et qui fait penser l'âme,
Mahomet le Koran et la verte oriflamme ;
Platon, Manou, t'ont dit : « Rends-nous pareils à Dieu »
Puis, Moïse : « Je vois la Terre que j'espère ! »
Et Jésus tout sanglant, les bras ouverts en croix :
« Non, non, je ne meurs point, je vais près de mon Père
  « Je pardonne et je crois ! »

Comme le lis candide, o Foi, point tu ne files,
Mais odorante ainsi que l'espoir le plus doux
Tu songes dans les champs à l'oubli des Indous,
Au courage Stoïque, au cœur des Évangiles...
Va, tu les joins ensemble et, bien qu'il soit humain,
L'Idéal qui te suit à travers les campagnes
Rend léger ce qui pèse et, boudhique ou romain,
  Transporte les montagnes !

C'est bien toi qui dictais les mots d'amour divin
Dont l'Imitation enchantait la retraite,
O toi, qui sais trouver la tendresse parfaite,
Dont le baiser robuste est fort comme le vin ;
Ton sourire guérit, o Fleur toujours éclose,
Ton éternelle grâce a fait le ciel vainqueur
Et ton culte très franc n'exige qu'une chose,
  La pureté du cœur.

Car tu transformes tout, o Foi, c'est toi qui donnes,
Au nom de l'Espérance et de la Charité,
Des ordres obéis par le Doute irrité :
Tu parais — et voici que toutes les madones
Tendent leurs bras aimants, que se change soudain
L'ivraie en froment pur ; la pierre devient tendre,
Le désert est fécond et, voyant ton dédain,
   L'Heure semble t'attendre !

Non, tu n'iras jamais où s'en vont les dieux morts,
Tu vois, sans t'émouvoir, et les neiges polaires,
Et les fleuves géants, et les mondes solaires ;
Tu sais tout, tu peux tout, tu n'as point de remords.
Messagère de paix, tu fais vivre les rêves,
Rends les amants meilleurs, rends meilleurs les amis,
C'est toi la liberté, toi qui toujours t'élèves,
   A qui tout est permis !

Tu comprends l'univers, parles tous les langages,
Car tu fais l'Harmonie et l'Unanimité ;
Va, la foule te suit ; reste, l'intimité
Te cède le foyer ; à travers tous les âges
La Science n'a pu faire ce que tu fis,
Tantôt silencieuse, immobile et fidèle,
Tantôt chantant, laissant au-dessus des défis
   S'étendre ta grande aile !

Je regarde en tremblant au fond de tes grands yeux,
Ah ! je t'aime, o Foi bonne, o Foi toute-puissante,
Vase d'élection, Etoile ravissante
Qui marches sur les flots, sur les nuages bleus !
Tu donnes à l'attente une paix admirable,
Tu crois ce que tu veux ; mais tu vas sans détour,
Toi qui comprends si bien, justement adorable,
                    Tous les secrets d'amour...

Sans toi le bien n'est pas, sans toi tout est fumée,
Tous les peuples sont morts, tous les arts sont défunts ;
J'allume devant toi les profanes parfums
Et les saints encensoirs : c'est toi, ma bien-aimée !
C'est pourquoi, je te place à la cîme des cieux
Plus haut que la Raison des philosophes graves ;
Tu triomphes partout et, quels qu'ils soient, les dieux
                    Ne sont que tes esclaves !

Pas de bornes pour toi, pas de rives pour toi,
Vierge simple, très simple, ah ! si tout dogme passe,
Seule, tu peux garder au milieu de l'espace
La jeunesse éternelle et l'inchangeante loi ;
Mystique ou bien païen, j'adore ton calice.
Il porte la lumière, il donne la beauté
Au miroir de la vie où tout s'efface et glisse,
                    Même la vérité !...

LIVRE PREMIER

LES SILENCIEUSES

I

L'AUVERGNE

—

A Paul Cuvelier.

Le Puy-de-Dôme et le Sancy
Ne sont que des ailes ployées
Qui, sur les terres foudroyées,
Dorment leur essor endurci ;

Ils redressent, à la merci
Des grands vents, leurs laves broyées ;
Le Puy-de-Dôme et le Sancy
Ne sont que des ailes ployées...

O Pays, nos âmes aussi
Par le sort furent rudoyées ;
Quand même, elles montent noyées
Dans le calme et l'azur, ainsi
Le Puy-de-Dôme et le Sancy !

———

II

LE NUAGE

—

Au Comte Léon Ostrorôg.

Nuage, Ile de neige ou Brouillard de carmin,
Gamin des airs qui fais l'école buissonnière,
Cygne géant, ou bien éclatante Bannière
Qu'agite dans l'azur une invisible main,

Montagne fantastique, étrange Parchemin
Où signent les éclairs, vaporeuse Crinière,
Voilette où me sourit la lune prisonnière,
Bel Escalier de nacre, o Palais surhumain :

Ah ! je t'aime surtout lorsque le soir commence,
Et que le vent partage, au fond du vide immense,
Tes lambeaux empourprés par le sang du soleil.

Dédaigne les douleurs, les félicités brèves
Et disparais soudain, o grand Vaisseau vermeil :
Tu portes à ton bord les princes de mes rêves !...

III

LES YEUX DE GRAND'MÈRE

—

A ma Sœur.

Grand'mère avait des yeux d'un bleu très doux, très beau,
Comme ceux de ma sœur, comme ceux de mon père,
Deux vrais morceaux de ciel, pareils comme la paire
Que font deux astres d'or ou bien deux gouttes d'eau.

Que ses yeux étaient bons sur sa figure franche !...
Ils étaient mon pays aux tranquilles étangs
Et souvent j'y voyais passer son âme, blanche
         Comme ses cheveux blancs.

Chez Grand'Mère j'allais tous les ans aux vacances
Et lorsque je partais sur ma folle jument,
Ses yeux, presque inquiets, me suivaient tendrement,
Je les sentais sur moi comme deux providences ;

Et, lorsque je rentrais, derrière le carreau
Je les voyais m'attendre — et Grand'Mère bien aise
Se soulevait soudain du fauteuil Louis XIII
          Qu'on voit à mon bureau.

Ce fauteuil fut sa vie ; — elle est toujours assise
Entre ses bras pour moi, car il fut la prison
De ses vieux ans choyés par toute sa maison ;
Elle aimait ce haut siège à la teinte indécise.

Ses chers yeux ont veillé pour faire plus d'un point
A ce fauteuil brodé par sa lointaine aïeule,
Pour rajeunir les tons, le canevas disjoint
          Que mordait l'épagneule...

Ah ! qu'ils ont donc pleuré, ses yeux, ses pauvres yeux !
Mort mon père à trente ans, morts grand'père et mes tantes,
Morts neuf petits enfants ; et, qui sait les attentes
Que trompèrent le temps, la peine et les adieux ?...

Grand'Mère était très vieille et la ride profonde
Cerclait ses tendres yeux presque toujours émus ;
C'est elle, qui m'aima pourtant le mieux au monde,
          Qui me comprit le plus.

Ses yeux ont bien prié dans sa noble retraite :
Elle avait tant souffert, tant aimé ses enfants,
Que Dieu lui devait bien ces espoirs triomphants
Qu'on se retrouve au ciel dans une paix parfaite.

Un soir j'arrivai, triste, avant le cher moment
Des vacances ; la mort venait chercher grand'mère
Et, dès que je la vis, l'emporta doucement
        Loin, bien loin de la terre.

Pourtant toujours sur moi reposeront ses yeux ;
Bénissant mon travail et pardonnant mes fautes,
Qu'ils me gardent du mal et des paroles hautes,
Eux qui virent le pauvre, eux qui sont dans les cieux.

Pareils aux rubans bleus de la Vierge Marie,
Grand'Mère avait des yeux d'un bleu très doux, très pur,
La mort n'a pas terni pour mon âme attendrie
        Leur éternel azur !

IV

BALLADE DE L'IDÉAL

—

A Paul Roquère.

L'IDÉAL, c'est le libre autel
D'où la lumière bien gardée
S'élance avec un reflet tel
Que la vie en est inondée ;
C'est la Foi, si persuadée,
Qu'on meurt clous aux mains, lance au flanc,
Comme Jésus, roi de Judée ;
C'est le plus pur de notre sang !

C'est la beauté que Raphaël
Met sur une tête accoudée,
S'enivrant du songe immortel
De la jeunesse ; c'est l'ondée
De nos pleurs par Dieu fécondée ;
C'est le charme de l'amour blanc
Qu'ose la vierge intimidée ;
C'est le plus pur de notre sang !

C'est l'immense hauteur du ciel
Par nos rêves escaladée ;
C'est le pardon, l'oubli sans fiel ;
C'est l'âme ici-bas lapidée,
Montant, par les Anges guidée,
Jusqu'au trône du Tout-Puissant
Où ses espoirs l'ont précédée ;
C'est le plus pur de notre sang !

Envoi :

Ah ! *Prince*, la parfaite Idée,
Tu la sens battre en ton cœur franc,
Tu la vois en rouge brodée ;
C'est le plus pur de notre sang !

V

LES VIEILLES AMITIÉS

—

Au Président Roty.

Les vieilles amitiés, comme les violettes,
Ont des parfums discrets et des charmes très doux :
Je sais des chants romains et des hymnes indous
Qui pourraient leur servir de riches cassolettes ;

Quelquefois, entraînés par les dehors brillants,
Nous voulons respirer d'autres fleurs plus mondaines
Et nous les dédaignons ; mais leurs yeux bienveillants
Nous suivent, malgré tout, pour réclamer nos peines.

Fleurissant les sentiers où, regrettant d'aimer,
Nous passons en pleurant, — elles ont l'âme blanche,
Et nous n'avons qu'à les cueillir d'une main franche :
Elles offrent leur cœur prêt à tout embaumer !

Je sais, pour leur servir de riches cassolettes,
Je sais des chants romains et des hymnes indous :
Les vieilles amitiés, comme les violettes,
Ont des parfums discrets et des charmes très doux...

VI

LA VOLONTÉ

A Carl de Stetten.

Soudain, comme Pallas s'élevant tout armée
Du cerveau du grand Zeus, o Volonté, surgis
Du fond de mon cœur las ; dis-moi : « Je veux, agis ! »
Ma faiblesse sera par ta force charmée.

Déesse au front tranquille, à la bouche fermée,
Comme un beau temple grec, habite mon logis :
Fais voir sans peur la guerre et les sillons rougis,
Pour mieux montrer après la campagne semée.

Que tes yeux clairs et francs m'indiquent le chemin
Où l'art, qui marche encor, s'envolera demain
Parmi l'aurore rose et l'infini sans rive.

Car c'est toi ma maîtresse et je bois la liqueur
De ton baiser puissant, de ton regard d'eau vive...
Je suis fort, riche ou gueux, vaincu comme vainqueur !

VII

LA SOURCE

—

Cachée au fond des bois par le Maître des Dieux,
La Nymphe, très tranquille, adorablement blanche,
Veille à ce que son flot, toujours égal, s'épanche,
Et rien ne peut troubler ses regards purs et bleus :

Elle ne dort jamais et regarde les cieux,
Couchée entre les fleurs qui parfument sa hanche,
Sans voir le gai chevreuil qui sur elle se penche,
Ni le satyre ardent qui la boit de ses yeux.

O Source, combien peu mon âme te ressemble !
Pourtant, ma vie et toi, nous nous donnons ensemble
Dans le même désir du silence profond ;

Tout mon sang a la fièvre et tes eaux ont le calme,
Mais mon amour discret avec toi se confond
Et t'effleure, léger, comme un frisson de palme !

VIII

A Camille Saint-Saëns.

L'ÉTÉ de Saint-Martin sent bon le chrysanthème
Et, dans l'air transparent, flotte un zéphyr léger
Qui dissout le brouillard et le fait voltiger
Jusqu'aux moindres gazons épris de son baptême ;

L'oiseau pour mon réveil a retrouvé son thème,
Il fait danser son corps aux branches du verger
Et la nuit a laissé l'étoile du berger
Que le soleil levant met à son diadème :

Dans les plaines de Beauce, aux horizons unis
Et longs comme la mer, les arbres dégarnis
Semblent être à mes yeux des mâts et des cordages...

Et j'en fais des vaisseaux voilés par les destins,
Enhardis par l'amour des inconnus voyages,
Qui voguent dans les cieux vers les amis lointains !

IX

PHILOSOPHIE

—

A Paul Bourget.

Praxitèle jadis, éblouissant Athènes
    Des plus calmes splendeurs de toute la beauté,
Cherchait en plusieurs chairs l'impeccable côté
Pour former un corps pur comme l'eau des fontaines ;

Désirant tout entier pour ses ardeurs hautaines
Le baiser immortel, qui vit de nouveauté,
Don Juan a comparé, charmant de cruauté,
Ses nombreuses amours aux étoiles lointaines.

De même, dédaigneux des laideurs et du mal,
Toujours, partout, cherchons la goutte d'idéal
Qui tremble au bord des yeux, des lèvres et des choses ;

Oubliant les chagrins, arrachant les cyprès,
Les doigts en sang, Bourget, ne comptons que les roses :
Nous aurons le bonheur à force d'à peu près !

X

A Madame Ellick Coche.

« Le Regret... c'est le Souvenir. »

Le souvenir n'est point chose humaine et profane
Pour les âmes d'élite, il a charme secret ;
Poëte, ne dis pas que ce n'est qu'un regret,
Car il est fleur céleste et jamais ne se fane.

Il ne tient point au sol, il a l'or diaphane
De l'astre que tu vois briller calme et discret ;
Dans les jours assombris, parfois, s'il disparaît,
Au fond du ciel il reste et sur le cœur il plane...

Mais, le passé jamais ne revient, jamais plus !
Accepte donc sa mort sans chagrins superflus :
La vie est une marche, entre dans la carrière,

— Tout sourire a des pleurs, — ne marque point le pas,
Orphée, hélas ! pourquoi regarder en arrière :
Dieu prête le bonheur, il ne le donne pas.

XI

LOHENGRIN

—

A Camille La Flize.

Richard Wagner, héros, tes paupières sont closes,
Tu n'es plus allemand sur la nue endormi,
Toi, fort comme la mer où le gouffre a frémi,
Toi, doux comme l'amour et les âmes des roses !

Que Paris donc ajoute à tes apothéoses !
Je t'applaudis, génie, o cruel ennemi ;
Non, non, je ne saurais t'admirer à demi,
Lorsqu'auprès du Très-Haut, divin, tu te reposes.

D'où qu'il vienne, le Beau se contemple debout,
Sa patrie est le ciel que l'on voit de partout...
Pourtant, j'ai ce regret que j'ai lu dans Homère :

Priam vint voir Achille et dit : « Ce que tu fis
« Est grand ! mais, vois l'excès de ma louange amère,
« Ah ! je baise les mains qui tuèrent mon fils ! »

XII

L'ART

A Henri Ner.

« Ce qui meurt »

Ce qui ne meurt pas, Ner, c'est l'Art, l'amour des ailes,
Puisqu'il est immortel ainsi que le baiser
Et toutes les douleurs, toutes, pour s'apaiser,
N'ont qu'à suivre son vol parmi les clartés belles ;

Il monte, dédaigneux des faiblesses rebelles,
Et ne laisse jamais son rêve reposer ;
Il invente des dieux, lui qui peut tout oser,
Qui fait sonner si franc les vers que tu ciselles ;

Il s'élève toujours dans l'azur infini,
Il fixe le soleil d'un regard impuni,
Il veut aller plus haut et ne sait pas descendre ;

Ce n'est pas Prométhée aux membres pantelants,
C'est l'Eternel-Oiseau qui renaît de sa cendre
Et qui passe à travers les tonnerres sanglants !

XIII

BALLADE CONTRE LES BRAS DE LA VÉNUS DE MILO

—

A Charles Cottet.

Marquez d'une pointe rieuse
Ceux qui veulent absolument
A la Vénus Victorieuse
Donner l'attitude qui ment !...
Ses bras sont tombés doucement
Sous le poids de l'offrande même
Dont la comblait son rude amant ;
Nul ne saura son beau poëme !

Qu'Elle reste mystérieuse,
Le cou droit et sans ornement,
Avec sa bouche impérieuse,
Son œil qui, comme un firmament,
Voile l'infini mouvement ;
Que le marbre seul soit l'emblème
De son sein dur sans battement ;
Nul ne saura son beau poëme !

Que la passion furieuse
Qui de Zeus faisait le tourment
Passe, énervante et curieuse,
Autour d'Elle sans grondement !...
Son ventre est tout nu chastement
Et son pied reçoit le baptême
De la mer éternellement :
Nul ne saura son beau poëme !

Envoi :

Prince, son mystère est charmant
L'inconnu c'est son diadème,
Vénus perdrait en s'animant
Nul ne saura son beau poëme !

XIV

DIANE DE FALGUIÈRE

Au Préfet S. Desprez.

O REINE des forêts, toi dont le cœur sommeille
Comme les calmes eaux des étangs argentés,
Relève tes cheveux qui sont diamantés
Par les reflets légers de la lune vermeille !

Si la chanson d'Eros doit blesser ton oreille,
Je te dirai le chant des vastes libertés ;
Mais, superbe, apparais, au milieu des clartés
Dans ta nudité chaste à la neige pareille !

Courbe l'arme de jonc de tes divines mains,
Abaisse longuement tes regards inhumains,
Campe-toi, — le front haut et le geste rebelle ;

Et, qu'aussi de ta bouche, arc de rose, soudain,
Diane de Falguière, immobilement belle,
S'élance sans pitié la flèche du dédain !

XV

A UNE STATUE DE LA CATHÉDRALE DE CHARTRES

Vierge du Moyen-Age, o tranquille Modeste,
Que tu me plais, Statue au long habillement,
Avec tes grands cheveux, ton sourire charmant,
Avec ta pose simple et ton candide geste !

Tu fus bien inspirée en ton regard céleste
Au temps où l'on savait travailler longuement,
Où la dame filait, où, fidèle au serment,
Le Chevalier mourait, comme Froissart l'atteste.

Quel charme il t'a donné cet artiste inconnu,
Pour qu'après six cents ans ton visage ingénu
Ait gardé sa fraîcheur sous la rouille murale !

Honneur à lui qui sut, de son ciseau vainqueur,
Pour rajeunir sans fin la vieille cathédrale,
Sculpter naïvement la grâce de ton cœur.

XVI

BALLADE A LA LUNE

—

A Gabriel Lambert.

Par ton escalier de nuages,
Lune claire, descends des cieux ;
Grande hostie, entre les feuillages
Viens, sors du ciboire des dieux !...
Cadran lacté, marque en tous lieux
L'heure de la nuit qui s'élance
Sans bruit, le pas mystérieux,
O Notre-Dame du Silence !

Deviens Phœbé, sur les rivages
Lance ton disque radieux
Par dessus les forêts sauvages ;
Ou prends l'arc, si tu l'aimes mieux,
Pour en faire un croissant joyeux ;
Puis, calme, laisse l'indolence
Dévider tes rayons soyeux,
O Notre-Dame du Silence !

J'aime et je cherche tes présages,
Dans ton sourire nébuleux ;
J'adore tes flous paysages
Avec tes coloris moelleux ;
Evoque les temps fabuleux,
Eclaire des manoirs où danse
Le feu follet miraculeux,
O *Notre-Dame du Silence !*

        Envoi :

Princesse, entr'ouvre tes beaux yeux,
Argente les prés, et balance
Tes regards blancs sur les flots bleus,
O *Notre-Dame du Silence !*

XVII

PENDANT LE TROUBLE
—
A Jules Perrin.

L'Orage veut le bruit et son strident murmure
Anéantit d'effroi la forêt et le champ,
Le ciel semble tomber et l'aquilon méchant
Renverse sans pitié la moisson déjà mure...

La guerre veut le sang et la ville se mure
En vain, — le canon tonne et son lugubre chant,
Sans fin, hurle à la mort du lever au couchant,
Pénètre dans la pierre et transperce l'armure...

Puis revient le soleil, puis refleurit la paix,
Les morts sont oubliés car le sol est épais,
L'homme guérit sa plaie et l'arbre son entaille.

O pauvre cœur, meurtri de par l'humaine loi,
C'est toi les blés versés et le champ de bataille,
Mais, tout passe ici-bàs, attends donc et tais-toi !

XVIII

LES MAISONS ABANDONNÉES

—

Dans les maisons abandonnées
Le vent pousse des cris humains,
On croit que d'invisibles mains
Cherchent les vôtres étonnées ;

Les murailles sont charbonnées,
Les ronces couvrent les chemins,
Dans les maisons abandonnées
Le vent pousse des cris humains ;

Pourtant, hélas ! les cheminées,
Avant ces tristes lendemains,
Fumaient bien haut sous les jasmins
Et l'on chantait des hyménées
Dans les maisons abandonnées !...

XIX

LES SAPINS DU MONT-DORE

—

A Gilbert Oudineau.

Je vous aime, Sapins, qui surmontez la Dore,
Avec elle, venez des sommets du Sancy,
Veillez ses premiers pas qui vont à la merci
Des vallons tortueux où l'arnica se dore,
Surplombez les rochers aux fantasques dessins,
Répandez votre odeur pénétrante qui grise
Et jouez dans l'air pur, dociles clavecins,
      La chanson fraîche de la brise !

A mi-côte des monts, Sapins, arbres pointus
Comme les flèches d'or des hautes cathédrales,
Luttez avec le vent, la neige et les rafales,
Dédaigneux des éclairs qui vous ont combattus,
Et drapés de lichen, tels sont vêtus de bure
Les capucins pensifs partis en mission,
Déroulez, o Sapins, immortelle verdure
      Votre longue procession !

Ouvrant vos éventails de feuilles en aiguilles,
Appelez la fraîcheur lorsque brûle l'été,
Laissez légèrement le rayon velouté
Traverser vos tamis, harmonieuses grilles,
Puis lorsque le soleil jette sur l'horizon
Et la rose écarlate et la rose trémière,
Allumez vos sommets rouges comme un tison
      A la pourpre de sa lumière !

Je vous aime surtout quand vient la nuit, semant
Les vastes champs des cieux de millions d'étoiles
Et que le brouillard fin de ses luisantes toiles
Vous met habit de perle ourlé de diamant ;
Pour le bal des Zéphyrs c'est là votre toilette,
Vos feuillages discrets, que le reflet fleurit,
Font alors, transparents, une étrange voilette
      A la Lune qui vous sourit.

Au milieu de la nuit, quand le profond silence
Ecoute malgré lui les frissons et les voix,
Bien souvent j'ai passé sur le bord de vos bois :
Soudain, de vos fourrés la vision s'élance
Et vos ombres, prenant un fantastique aspect
De bras, de mouvements, de tours, de banderoles,
Vous semblez des géants dont saisi de respect
      Le vent répète les paroles...

Sapins, vous dominez et gardez les ravins,
Vous protégez l'amour des fleurs les plus petites
Et, lorsque l'hiver vient broder de stalactites
Vos rameaux que Noël sacre de droits divins,
En souvenir des temps du roi cruel Hérode ;
Malgré vos linceuls blancs, l'espoir des jours prédits
Laisse parmi la neige entrevoir l'émeraude
      Des beaux songes du Paradis !

Bois épais, qui charmez les ardus paysages,
Arbres toujours contents, toujours verts, toujours droits
Qui, tranquilles, vivez dans les plus durs endroits,
Le front voilé souvent par les brumes sauvages,
Philosophes des monts contre tout aguerris,
Apprenez, o Sapins, à mon âme lassée
La sage profondeur des longs rêves mûris
      Et le calme de la pensée !

XX

BALLADE A MAITRE CLÉRY

—

Cher maître, l'âme audacieuse
Qui creuse l'humaine douleur,
Indulgente, silencieuse,
Plaint et respecte tout malheur
Devant les larmes, la pâleur
Et sent, divine poëtesse,
S'épanouir sous sa chaleur
Une fleur de délicatesse.

Tu le sais : consciencieuse,
Ta phrase avant tout, ciseleur,
Sous l'or, la pierre précieuse
Ainsi qu'un jour de chandeleur
Est pure — et l'on dit, clair parleur,
Que toujours reste son hôtesse
Plus sainte que l'art enjoleur,
Une fleur de délicatesse.

Dans ta demeure spacieuse
Tu sais jouer, ensorceleur,
La gamme si délicieuse
Des bibelots, de la couleur ;
Mais le bel objet de valeur,
C'est ton exquise politesse
Qui cache en son parfum vainqueur
Une fleur de délicatesse.

Envoi :

Prince, aussi bon que Jacques Cœur,
Je suis tout fier d'avoir, Altesse,
Cueilli dans le fond de ton cœur
Une fleur de délicatesse.

XXI

Au Sculpteur Emile Hugoulin.

Sur sa Statue : « Jeune Fille se confiant a un Oiseau »

Dans les eaux tu venais d'admirer les pâleurs
De ta nudité blanche et chaste qui s'éveille,
Quand ce petit chanteur vint, vif comme une abeille,
Chercher à faire un nid dans tes doigts cajoleurs ;

Tu lui dis, n'est-ce pas ? les subites couleurs
Qui font saigner parfois ta bouche si vermeille
Et l'amour inconnu qui dans ton cœur sommeille
Comme le parfum dort dans les boutons des fleurs ;

Et l'oiseau, charmé sous ton regard de colombe
Aussi doux, aussi pur qu'une larme qui tombe
Sur la main d'un ami, ne s'est point envolé...

Puisse t'aimer, t'aimer, oh ! de toute son âme
Celui qui, remplaçant ton confident ailé,
T'apprendra le baiser et te sacrera femme !

XXII

LA FUITE EN ÉGYPTE

—

Au graveur Louis Poyet.

Hérode a peur, il tremble au milieu de la fête,
Ses danseuses ont beau l'entourer triomphant,
Ses soldats le garder, il a peur d'un enfant :
Ah ! les temps vont venir, comme a dit le Prophète !...

Le pauvre sera roi, la puissance est surfaite,
La pourpre se déchire et le trône se fend ;
L'âne a su devancer le superbe éléphant,
La paix a plus d'éclat que l'ardente conquête !

Hélas ! ils vont mourir les pauvres innocents,
Mais les anges en haut des cieux resplendissants
Rouvriront leurs yeux clos qui seront des étoiles.

Rachel, console-toi !... Le front auréolé,
Marie aux pieds du Sphynx porte un dieu sous ses voiles.
Les temps seront venus quand Il aura parlé.

XXIII

PANTOMIME

—

« *Colombine pour Deux.* »

Félicia Mallet : Teint de muguet pâli,
Chevelure légère, une prunelle étrange
Où le bleu de saphir au vert d'eau se mélange,
Le regard net ainsi que de l'acier poli ;

Lèvre mince, nez fin ; — déteste le joli,
Peut rendre beau le laid, faire le démon ange ;
Nature très naïve, adore la louange ;
A la voix de cristal d'un motet de Lulli.

Son cœur tendre est un nid d'où la chanson s'envole,
Rasant l'onde malsaine et le fiacre frivole
Mais montant jusqu'à l'Art le mot gaulois et franc ;

Signes particuliers : a quelque ressemblance
Avec Pierrot, amant du clair de lune blanc ;
Son geste harmonieux fait parler le silence !

XXIV

LE BAISER

—

A Maria de Saint-Georges.

J'AIME les roses-thé qui se laissent mourir
   Dans les gorges au bal ; j'aime les azalées,
Les blancs camélias qui bordent les allées,
Les lilas, les œillets qui viennent de s'ouvrir ;

J'adore les bluets qui vous font tant courir
L'Eté parmi les champs, le muguet des vallées,
Le sauvage églantier, les brillantes mêlées
D'argent, d'azur et d'or que les prés font fleurir...

Mais, voyez-vous, les fleurs les plus belles du monde,
Celles dont le parfum très long, très lent, inonde,
Vole jusqu'au cœur, puis, discrètement s'enfuit,

Les plus rouges des fleurs, les fleurs les plus vivantes,
Sont celles que l'amour fait balancer la nuit
Des lèvres des amants aux lèvres des amantes !

XXV

SONNET CHARTRAIN

—

A Alfred Foucher.

A dix heures, ici, les volets sont fermés
A toutes les maisons et, parmi le silence,
Sur les pavés disjoints mon pas sonne et s'élance
Comme l'heure aux cadrans de clochers embrumés ;

Chartres semble un pays de gens inanimés ;
De ci, de là, pourtant la clarté se balance
Derrière les auvents, veillant la somnolence
Des vieillards engourdis et des enfants calmés.

Mon cœur aussi, mon cœur est une maison close !...
Dans sa prison pourtant une lumière rose
Brille encor constamment, faible lampe d'autel ;

Ce n'est qu'une lueur, ver-luisant dans la mousse,
Astre lointain ; mais c'est un rayon immortel
Que j'entretiens pour Elle en ma tendresse douce.

XXVI

DEUX DESSINS DE LOUIS LEGRAND

—

I

LA SIRÈNE

Sur la falaise verte où paissent les brebis,
Dès le plus grand matin, la bergère est venue :
La vague est reposée et, dans le ciel sans nue,
Le soleil apparaît comme un rose rubis ;

Les rocs, encor mouillés des flots qu'ils ont subis,—
Emergent tout entiers de l'immensité nue
Et pourtant la bretonne à filer continue ;
Elle a faim, — mais non pas de lait et de pain bis ;

Dans son rêve têtu, sur les genoux assise,
Elle baisse ses yeux à la flamme indécise, —
Insensible à la mer, au rayon, au parfum ;

Et le fil, qui descend du bois léger qui penche,
Attire le vaisseau, d'où les gas au teint brun
Ont aperçu sa coiffe amoureusement blanche.

2

LES DEUX ANIMALES

Au fond d'un pré breton, tandis que le village
S'estompe au loin, Louis Legrand fit ce dessin :
La bretonne et sa vache, au même air calme et sain,
Formant un primitif et candide assemblage...

Le gas et le taureau, qui sortent du feuillage,
Ont fécondé sans doute et le pis et le sein ;
Dans les yeux de la fille on ne voit pas l'essaim
Des désirs incompris ni l'ombre d'un sillage ;

Et l'œil de la génisse a la douce clarté
Des regards de la fille et la naïveté
Des grands cieux de printemps et des eaux baptismales ;

L'une tricotant vite et l'autre mangeant bien,
Vont ainsi côte à côte et ces « deux animales »
Marchent tranquillement en ne pensant à rien.

XXVII

L'INDIFFÉRENCE

Vierge au sourire froid, dont les regards sont clos
Comme les yeux fermés d'une antique statue,
Méconnais les effrois de mon âme abattue
Et ses désirs flottants ainsi que des drapeaux ;

L'égoïsme te donne un teint toujours dispos ;
Marche d'un pas tranquille et, chaudement vêtue,
Méprise tous ceux-là que la froidure tue,
Sœur du prudent silence et du complet repos.

Je ne l'ignore pas, beaucoup te trouvent belle,
Toi, tu ne luttes point contre l'amour rebelle,
Ta main ne serre pas, tu ne vois ni n'entends ;

Parfois, j'envie aussi ta divine assurance,
Ton habile mutisme et tes dédains contents,
Mais te hais d'autant plus, o lâche indifférence.

XXVIII

L'ABBESSE DE JOUARRE

A Ernest Renan.

Sous le poids de l'amour double qui te rabaisse,
Passe devant mes yeux en longs habits de deuil,
Que le bandeau claustral tombe avec ton orgueil,
Sois donc humaine, hélas ! Julie, o fière abbesse !...

D'Arcy pardonnera, l'abbé Clément te presse,
Sèche sans murmurer la larme dans ton œil,
Pauvre barque brisée, attends un autre écueil,
Va, reprends la mer haute où l'orage se dresse ;

Le devoir est à toi, si la mort est à Dieu,
La souffrance ne sait ni l'heure, ni le lieu,
Mais la mort reviendra bienfaisante, éternelle,

Ta douleur en rayons te nimbera d'atours
Et ton âme atteindra, fleur libre, ouvrant son aile,
L'épanouissement des uniques amours.

XXIX

LA NUIT

A François Courboin.

C'est un mystère que la nuit,
Ecoutons se parler les choses ;
En foule les métamorphoses
Vont et viennent presque sans bruit...

Tout un chœur de zéphyrs conduit
Les parfums dans les fleurs mi-closes ;
C'est un mystère que la nuit,
Ecoutons se parler les choses ;

Et tandis que blanchement luit
La Lune, — mille songes roses
Illuminent les fronts moroses,
Le corps s'endort, l'âme s'enfuit ;
C'est un mystère que la nuit !

XXX

LA CHANSON DU RÊVE

A Pierre de Bréville.

O Rêve, coursier fantastique,
Monte, monte dans l'inconnu !
Sur ton aile à l'essor mystique
Emporte enfin mon espoir nu ;
Va, galopons dans les nuages
Sans penser aux tristes réveils,
Enivrons-nous dans les mirages
Et parcourons tous les soleils !

Comme un flot d'argent qui déferle,
Inonde d'écume tes flancs ;
Le cygne, la neige et la perle
Ne pourront pas être aussi blancs ;
Dans tes naseaux mets de la flamme,
Retourne au ciel, pauvre banni,
De tout ton cœur, toute ton âme
Emporte-toi dans l'infini !

Que ta crinière sans rivale,
Longue chevelure de feu,
Comme l'aurore boréale
Soudain illumine l'air bleu ;
Mène-moi dans ton monde étrange
Où le Poëte est bienvenu,
Vole, o Rêve, Cheval-Archange,
Monte, monte, dans l'Inconnu !...

XXXI

L'INDULGENCE

Je vous en prie, amis, laissons dans nos discours
Dans nos actes surtout, laissons l'intelligence,
Généreuse, subir le joug de l'indulgence ;
Jamais de mots trop longs, jamais de mots trop courts ;

Tout le monde a besoin de son noble secours.
Calmes n'écoutons pas l'envie ou la vengeance,
Ni l'indiscrétion, ni la dure exigence
Des mots d'esprit, monnaie, au cruel et vil cours ;

Croyez-moi ! quand le fait brutalement accuse,
Ne jugeons pas trop vite et recherchons l'excuse :
Elle existe toujours, il faut la révéler :

Nul ici-bas ne dit pourquoi les lèvres closes,
Sans sourire soudain, ne peuvent plus parler
Et Dieu seul — qui sait tout — connaît le fond des choses !

XXXII

JOUR DES MORTS

—

Je pense à Vous, êtres chers, dont l'étreinte
Ne tiendra plus, jamais plus dans mes mains ;
Je pense aux jours restés sans lendemains
Et je ne vois l'avenir qu'avec crainte.

Je pense à Vous, disparus dans l'espoir,
Ensevelis dans l'éternel silence,
Autour de vous, comme un doux encensoir,
Mon âme, hélas ! vainement se balance !

Dans l'inconnu, dans l'infini des cieux,
Au fond des nuits, parmi le bruit des choses,
Accueillez-vous mes larmes et mes roses
Et mes regards tombent-ils dans vos yeux ?...

JOUR DES MORTS

Ah ! j'interroge et le ciel et la terre,
Le vent qui cause et le rayon qui luit...
Rien ne répond, je reste solitaire,
La brise passe et la lumière fuit !

Blanches jadis, comme un vol de colombes,
O mes amours, m'entendez-vous encor,
Vous, sans appel, sans baiser, sans essor,
Vous maintenant, blanches comme les tombes ?

XXXIII

LA BONTÉ

—

A Madame Morel du Puy.

De toutes les vertus qui brillent bienheureuses
Pour faire sa couronne au Roi du Paradis
Et qui portent jusqu'à nos âmes miséreuses
    Parfois leurs reflets attiédis,

C'est toi que je préfère avec tes regards tristes,
Mais toujours doux, o toi qui sais parler sans mots,
Qui relèves sans fin, dédaignes les puristes,
    Toi qui consoles tous nos maux !

Tu nous fais oublier nos remords et nos vices,
Sous tes vêtements blancs tu voiles nos rancœurs
Et portes, toujours prête à donner tes services,
    Un parfum céleste en nos cœurs.

Tu ne te pares point et, comme la franchise,
Nous te voyons plus belle encor que la beauté,
Tu sais chercher, trouver, rien ne dépoëtise
        Ta constante sérénité ;

Tu ne sais pas douter, en ta foi vigoureuse
Et toujours calme, ainsi que les neigeux sommets,
Tu donnes sans blesser et ta main généreuse
        S'ouvre et ne se ferme jamais ;

Tu dédaignes l'orgueil : — les palais et les chaumes
Te connaissent de même, ignorant l'abandon
Et devant toi, discrets, porteurs de tous les baumes,
        Vont le silence et le pardon.

Quand Dieu voit ton sourire et ta pitié profonde
Il arrête son bras, suspend sa volonté ;
Ah ! dès lors, c'est bien toi qui commandes le monde,
        O toute-puissante Bonté !

XXXIV

LA RECONNAISSANCE

A François Roussel.

Mes vers, en marbre blanc font ma Reconnaissance,
Belle comme Myrto que chante André Chénier ;
Le bienfait dans ses mains est un léger panier
Où se dressent des fleurs que le zéphyr encense ;

Son peplos élégant montre avec innocence
La calme nudité de son sein printannier ;
Une ancre à ses côtés tient l'espoir prisonnier
Pour s'acquitter deux fois ; son port est plein d'aisance ;

Ses yeux sont bien ceux-là que l'antique sculpteur
Voulait pour sa déesse ou son triomphateur,
Ils sont clos ; mais, chacun regarde en soi, contemple,

Pour mieux voir en son cœur, — ex-voto suspendu
Comme une lampe d'or qui veille dans un temple, —
Le souvenir aimé du service rendu.

XXXV

L'AMOUR ABSENT

—

Il est là, près de moi, si ses lèvres sont closes :
C'est en vain qu'entre nous l'absence mit un mur,
Ah ! ses yeux sont pareils aux pervenches écloses
Et je vois ses regards qui m'inondent d'azur !
Comme un simple cristal ma vie est transparente,
Derrière elle il est là, silencieux et fort,
Il l'efface — et paraît en poses conquérantes
        Lui, qui rit de la mort.

Entre nous si je mets l'étude solitaire,
Le travail le plux doux, le livre le plus beau,
Il se glisse vers moi, content de son mystère,
Il reprend ma pensée, il éteint mon flambeau,
Il passe doucement comme un vol de colombe
Et dit : « Rien n'est sans moi, je suis le tout-puissant,
A mon gré, comme Dieu, j'ouvre ou ferme la tombe
        Je coule dans ton sang ! »

Si je dors, mon sommeil tout à coup s'illumine,
Superbe, il apparaît comme l'adolescent
Que Michel-Ange a fait fils de l'œuvre divine,
Il m'apparaît, c'est lui, divin, resplendissant,
Qui vient rouvrir mes yeux fatigués par les veilles
Et, Samson réveillé, tondu par Dalila,
J'ai perdu mon sommeil, mon rêve et ses merveilles,
   Et je souffre, il est là !

Les chagrins et les deuils couvrent mon front de voiles,
Mais c'est lui dans le ciel d'aurore triomphant,
Mais c'est lui dans la nuit triomphante d'étoiles
Et lui seul que je vois, lui, l'Eternel Enfant !
Sur le char du soleil au milieu des opales
De l'or et des rubis, des grâces, des atours,
Sur le char argenté de la Lune aux yeux pâles,
   Il me sourit soujours !

XXXVI

A Madame Gillot de l'Étang.

Vous êtes de ces cœurs en qui le souvenir
Veut saigner immortel et, dédaignant de vivre,
Très douce, vous coulez les longs jours à poursuivre
Le songe d'un passé qui ne peut revenir...

Vous croyez aux aimés devoir vous réunir
Et lorsque la nuit claire ouvre tout grand son livre
A l'écriture d'or, le but qui vous enivre :
C'est de chercher leurs yeux, étoiles à bénir.

C'est la foi qui vous rend d'une humeur si bénigne,
Qui fait que votre pas a le calme d'un cygne
Et glisse, léger, libre, en ce monde asservi.

Quand j'entends votre voix, je sens partir les fièvres
De mon doute méchant et j'écoute ravi
Trembler votre belle âme au bord de vos deux lèvres.

XXXVII

BERCEUSE

—

A Marie-Louise.

La lune, la bergère aux yeux doux, qui poussait
Son troupeau d'astres vient d'allumer sa lanterne
Et de fermer son parc. Allons, la chambre est terne,
Il faut dormir ! J'ai dit Peau d'Ane et le Poucet ;

J'ai bien sorti vingt fois du fond de mon gousset
La grosse bête d'or dont le pas te consterne,
Ferme tes beaux yeux las et plus de baliverne !...
Ah ! le berceau vole, où bébé se trémoussait :

C'est un oiseau superbe aux grandes ailes blanches
Qui l'emporte !... sois sage et couvre bien tes hanches,
Il va t'envelopper dans le nid du sommeil...

Demain tu seras vive ainsi que les mésanges ;
Dors ce soir, petit cœur, dors, sourire vermeil,
Chère âme, monte aux cieux jouer avec les Anges !

XXXVIII

INTIMITÉ

—

A ma Mère & à ma Sœur.

Pendant l'éloignement, les deuils et les épreuves,
Comme un vol d'oiseaux noirs, ont couvert nos maisons ;
Après les bons printemps, les mauvaises saisons
Ont fané les espoirs et fait les mères veuves.

De nouveau nous voici tout seuls devant les fleuves
Qu'ont grossis nos chagrins et nous nous apaisons
Par des mots consolants, par de tendres raisons,
En cherchant tous les trois des illusions neuves.

Le soir, devant la lampe, ainsi qu'au joyeux temps,
Dieu nous rassemble encor tranquilles habitants
D'un logis solitaire au milieu des prairies ;

Ce n'est plus le château, mais c'est bien toujours Vous
Et tout notre passé, je le vois, mes chéries,
Effacer le présent au fond de vos yeux doux !

XXXIX

LE PASSÉ

A Ernest Bodinier.

Le passé n'appartient à personne en ce monde,
Même Dieu tout-puissant ne peut plus rien sur lui ;
Mais, le présent s'écoule et l'avenir a lui,
Brillant comme l'espoir et traître comme l'onde.

Regardons vers demain : — la blessure profonde
De nos douleurs d'hier peut dormir aujourd'hui,
Tenons-nous bien la main et donnons-nous appui ;
L'hiver anéantit, mais le printemps refonde.

Le silence et l'oubli sont nos anges vengeurs ;
Meurent donc les chagrins et les regrets rongeurs !
N'essayons pas d'ouvrir la porte à jamais close,

Si nous devons souffrir, ensanglantons nos doigts
Dans le jardin d'amour à détacher la rose
Et non à ramasser le bois mort d'autrefois.

XL

EXTASE

—

A l'Abbé Ribault.

Tandis que dans l'air flotte un long recueillement,
Reflétant le soleil, sur la route très blanche
Où le linge fleuri de tous côtés se penche,
Majestueux, s'avance un Très-Saint-Sacrement ;

Le *Tantum Ergo* monte en l'azur gravement
Et se mêle aux frissons du vent et de la branche,
La foi, l'encens, le calme, embaument ce dimanche
Pour fêter l'Éternel, Maître du firmament :

Sur le seuil de sa porte, attendant le passage
Du Dieu — dont l'ostensoir voile l'ardent visage —
L'aïeule, en s'appuyant, s'est courbée à genoux ;

Sa lèvre est en suspens, ses paupières sont closes
Et ses doigts amaigris, d'un geste vieux et doux,
Effeuillent lentement la jeunesse des roses.

XLI

LA CHANSON DU SILENCE

A Gabriel Bert.

Silence, o lèvres toujours closes,
Énigme qui dors dans les choses,
      Sommeil des voix,
Fais le charme de mon étude,
Fils aimé de la solitude
      Et des grands bois !

Rêve, illusion caressée,
Toi, silence de ma pensée
      Triste du soir,
En longs nuages de parfums,
Passe sur mes amours défunts,
      Calme encensoir !...

J'excuse votre défaillance,
Larmes qui vous cachez, silence
      De ma douleur,
Mais pourquoi laisser sur mon front,
Comme un mélancolique affront,
      De la pâleur ?

Viens, viens, repos lourd des chaumières,
Silence de toutes lumières,
<blockquote>O longue nuit,</blockquote>
Sans les songes, sans les étoiles,
Enveloppe enfin dans tes voiles
<blockquote>Mon cœur séduit !</blockquote>

Et toi, silence de la vie,
Qui fais taire l'orgueil, l'envie
<blockquote>Et le remord,</blockquote>
J'attends sans peur, belle Inconnue,
Que tu fasses mon âme nue
<blockquote>Et libre, o Mort !</blockquote>

LIVRE DEUX

LES AIMANTES

I

Je voudrais être un fleuve calme
S'endormant sur un lit doré ;
Le vent du printemps adoré
D'un lent frisson de large palme
Viendrait m'éventer doucement ;
Les rayons des nuits, des aurores,
Me verseraient un flamboiement
D'étincelles multicolores.

Tu serais une île de fleurs
Roses comme tes lèvres mûres,
Légères comme les murmures
De tes refrains ensorceleurs,
Une île de fleurs azurées
Comme tes yeux au bleu charmant
Et blanches comme les livrées
Des archanges du firmament.

Ah ! je voudrais être ce fleuve
Que ne troublerait nul émoi ;
Tu serais — au milieu de moi —
Cette île à la floraison neuve,
Autour de toi je coulerais,
Plein de lumière et de tendresse,
Et toujours t'envelopperais
De mon éternelle caresse !...

II

Entre toutes les fleurs au parfum triomphant
Qui va jusqu'à mon cœur lorsque je les respire,
Je préfère le lis aussi beau qu'un sourire
De jeune fille pure ou de petit enfant ;

Entre tous les essaims des étoiles, coiffant
D'une couronne d'or la nuit que tant j'admire
J'aime mieux Vénus blanche, éternel point de mire
De mon rêve à qui Dieu jamais rien ne défend ;

Entre toutes les eaux, j'aime l'onde où le saule
Pareil à des cheveux tombant sur une épaule
S'enivre de souplesse et de tranquillité.

J'ai recherché, parmi les plus charmantes âmes,
Le parfum, le reflet et le calme enchanté :
J'ai trouvé Vous, que j'aime entre toutes les femmes !

III

Comme un beau rayon de soleil
Mon rêve vous a colorée
Et souvent mon âme, ignorée,
Vient respirer votre sommeil ;

Prise, elle attend votre réveil
Parmi votre tresse dorée ;
Comme un beau rayon de soleil
Mon rêve vous a colorée !

Mais votre songe est-il pareil ?
Où n'êtes-vous, évaporée,
Qu'une blanche forme adorée
Qui fuit avec le jour vermeil,
Comme un beau rayon de soleil ?

IV

Hier soir au fond du ciel, les petites étoiles
Avaient fermé leurs yeux, la lune regardait,
Seule, à travers le bois ; un vent doux bavardait
Dans les acacias et taquinait tes voiles...

Tout aise de sentir le travail de ses moëlles
Chaque arbre embaumait l'air ; le joyeux farfadet
Attachait deux à deux les fleurs et gambadait
En couvrant le gazon de lumineuses toiles.

Phœbé donnait à tous un peu de sa clarté,
Même le ruisselet, en son coin écarté,
Semblait baiser le bout de sa robe en opales

Et je pensais qu'ainsi dans mon cœur, sans retour,
Toutes affections s'étaient faites si pâles,
Qu'un seul astre y brillait, celui de ton amour !

V

Écoute l'angelus du soir !...
Au cœur qui bat cela ressemble
Et dans mon sein avec ensemble
Sonnent le baiser et l'espoir ;

Plus vif que le vin du pressoir
Tout mon sang en moi monte et tremble,
Écoute l'angelus du soir !...
Au cœur qui bat cela ressemble ;

Radieux, tel qu'un ostensoir,
Ton amour clair sur moi rassemble
Ses rayons. Mon âme, il me semble
Va vers lui comme un encensoir,
Écoute l'angelus du soir !

VI

Tel l'ouvrier savant met son nom sur la lame,
Sur ton visage clair, la divine beauté
Voulut de tous ses dons et de sa royauté
Laisser ce signe noir comme enivrant dictame ;

Moi qui cherche partout les reflets de ton âme,
J'aime ce petit point, gracieux, effronté,
Amorçant mon désir, tuant ma volonté,
Sur le coin de ta lèvre où mon amour se pâme ;

Éclairci par l'éclat du soleil de tes yeux,
Ce grain de beauté pâle a l'aspect tout joyeux
Et souligne, discret, les fins plis de ta bouche.

Ainsi, quand l'aube meurt, parfois s'attarde encor
L'étoile, dans le ciel et le rayon farouche
Ne peut point effacer la blonde tache d'or !...

VII

Prends mon âme au fond de mes yeux,
Regarde-moi longtemps, regarde !
Et que mon front à jamais garde,
Mon ange, ton reflet joyeux !

Attache à tes grands cils soyeux
Mon regard triste qui s'attarde,
Prends mon âme au fond de mes yeux,
Regarde-moi longtemps, regarde !

Parmi ta lumière, orgueilleux,
J'épure mon cœur ; longtemps darde
Sur moi tes yeux, ma sauvegarde,
Qu'ils m'éblouissent, merveilleux !...
Prends mon âme au fond de mes yeux !

VIII

Stella, j'aime ta lèvre au pli doucement fier,
Ta lèvre dont l'éclat fait plus blanche ta chair ;

Veux-tu que mon baiser rende encore plus rouge
Ta lèvre où le sourire éternellement bouge ?

Ne fais que renverser ta tête mollement,
Que tes yeux soient profonds comme le firmament ;

Et je noierai mes yeux dans tes regards limpides
Car tes lèvres, vois-tu, tes lèvres trop rapides,

Sont les deux fils de pourpre auxquels est suspendu
Mon cœur qui vers ton cœur se balance éperdu !

IX

Tes yeux sont bleus comme l'onde qui bouge ;
Ta tendre lèvre est rouge, rouge, rouge
Comme le sang d'un amour de vingt ans,
Ta tendre lèvre est rouge, rouge, rouge
Comme la fleur de pourpre du Printemps.

Tes yeux sont bleus comme un cœur de pervenche ;
Ta chère gorge est blanche, blanche, blanche
Comme un duvet de l'oiseau de la mer,
Ta chère gorge est blanche, blanche, blanche
Comme Noël et le givre d'hiver.

Tes yeux sont bleus comme le ciel qui bouge ;
Mon vers pour toi sera bleu, blanc et rouge,
Flottant ainsi que tes cheveux de jais,
Mon vers pour toi sera bleu, blanc et rouge
Comme un drapeau de régiment français.

———

X

Tu m'envelopperas dans ton blanc corps, o femme,
M'envelopperas tout, comme dans un manteau ;
De même que la mer pénètre le bateau,
Tes baisers par mon corps toucheront à mon âme ;

Tu rendras mon désir brillant comme la lame,
Brillant comme l'enclume où frappe le marteau ;
Forte, tu chasseras du splendide château
De mes rêves le doute affreux qui les entame ;

Tu me feras plus grand et plus content de moi,
Tu seras mon orgueil, mon travail et ma loi ;
Je ne lasserai point ta bonté coutumière ;

Je t'aime bien, vois-tu, je t'aime éperdûment,
Et tes yeux seuls, tes yeux ont assez de lumière
Pour éclairer mon cœur tout noir d'isolement !

XI

CATHÉDRALE d'amour que bâtissent nos sens,
Où chantent nos baisers, mélodieux cantiques ;
Où nos désirs, brûlant leurs parfums extatiques,
Embaument tes parvis d'un capiteux encens ;

Autel d'argent massif, où joyeux je consens
A prier sans fin, où nos caresses mystiques
Te brodent doucement de riches dalmatiques
Devant les ostensoirs aux feux éblouissants :

Que serait donc, dis-moi, ton grand air commandeur,
Ton merveilleux décor et toute ta splendeur
Sans ma pure pensée unique et flamboyante,

Qui pleine des reflets du vaste firmament,
Rêvant à plus encor qu'à ta chair attrayante,
Dans sa lampe d'azur veille éternellement ?

XII

Si je dois mourir jeune, o toi qui m'es tant chère,
Et si Dieu voulait bien, après ma mort, laisser
A mes yeux non fermés la flamme pure et claire
Que ton aimé regard y fait souvent passer,

Je t'en ferais un don : — un soir, le plus fidèle
D'entre tous mes amis, en prenant l'air joyeux,
Dans un coffret d'or pur, du plus exquis modèle,
Pour dernier souvenir t'apporterait mes yeux.

Frais comme des œillets cueillis dans la rosée,
Mes yeux seraient remplis de tes charmants reflets
Et, tranquilles ainsi qu'une mer reposée,
Ils seraient lumineux comme des feux-follets ;

Ah ! certes, tu pourrais y voir un peu de l'âme
Qui, harpe éolienne, aimait à te chanter,
Dans les nuits de printemps où le zéphir se pâme,
Où les jeunes amours volent pour nous tenter ;

Ils auraient si souvent vu passer ton image
Que parmi tes saphirs et tes diamants noirs,
Tu voudrais bien garder cet immortel hommage
De mes yeux restés clairs ainsi que deux miroirs.

XIII

Tu viens de me quitter!... Vide est le grand fauteuil,
Ce bienheureux écrin semble garder l'empreinte
De ton corps amoureux dont ma brûlante étreinte
Voulait en vain fléchir le magnifique orgueil...

L'amour grise, vois-tu, pardonne mon accueil,
Pour un baiser profond ta loi n'est pas enfreinte ?
Mais je suis gris encor !... dis... pourquoi donc ta crainte ?
Ma porte n'est plus là... Je ne vois plus le seuil...

Ma lèvre ne croit pas, o splendide caresse,
Que ta lèvre n'est plus prodigue, enchanteresse,
J'écoute encor ta voix qu'hélas ! je n'entends plus...

Je reste en mon logis, mon âme s'évapore
Avec les doux parfums pour toi seule épandus,
Et mon œil étonné cherche à te voir encore...

XIV

Je suis triste à cause de toi
Je suis très triste, o mon amie !...
Hélas ! je ne suis plus ton roi,
Ta tendresse s'est endormie ;
Épris de nouveau, ton cher cœur
Soudain me ferme sa pensée ;
Ton rire s'envole, moqueur,
Sans voir que mon âme est blessée.

Lorsque tu viens dans ma maison,
L'illuminant comme l'aurore,
Pourtant j'écoute sans raison
Ton baiser rouge dire : « Encore ! »
Je n'entends pas le cruel temps
Crier : « Je passe et j'abandonne »
Et, parmi tes cheveux flottants,
Mon amour encor s'emprisonne.

Ah ! pars donc loin de moi, mon ange,
Chercher des baisers plus joyeux ;
Va-t-en, puisqu'ici-bas tout change,
Pars, mets des larmes dans mes yeux...
Hélas ! je ne suis plus ton roi,
Ta tendresse s'est endormie,
Je suis triste à cause de toi,
Je suis très triste, o mon amie !

XV

Sans retour, les oiseaux se donnent à la brise,
Les arbres à la terre et le riche argentier
Du Printemps, Mai, se donne aux lis, à l'églantier,
Et l'onde s'abandonne au courant qui l'a prise ;

Je me donne ainsi, moi, je m'enchante et me grise,
Je m'abandonne entier à Stella, tout entier ;
Je suis parmi ses doigts le malheureux psautier
Que déchire l'enfant ou le joujou qu'il brise :

Et vous avez plaisir à me faire petit.
Pauvre affamé d'amour cachant son appétit,
Je baise vos pieds blancs, mystérieuse Hécate !

Pourquoi faire sentir autant votre pouvoir
Et paraître ignorer, âme si délicate,
Combien est plus charmant donner que recevoir ?

XVI

Vous m'avez peiné, Vous dont la délicatesse
Me charme si souvent, Vous dont le baiser cher
Fait tressaillir mon âme encor plus que ma chair ;
Pour cela même aussi j'en ai plus de tristesse.

L'Affection pourtant est une prophétesse
Qui devine en un mot ce qu'il aurait d'amer ;
Il est des cœurs sur qui pourrait passer la mer
Sans rafraîchir le feu du mot dur qui les blesse.

Mon tort c'est d'être faible, o Reine de tout moi,
C'est de céder toujours, Vous m'aimeriez, ma foi !
Si je Vous résistais peut-être davantage ;

Mais, bien que Votre amour soit un cruel archer,
Mon plus juste orgueil même est à Vous sans partage
Et j'en fais un tapis où Vous pouvez marcher.

XVII

Tout change ici-bas, tout !... Cela me désespère !
Et mes bras, ma chère âme, à ton cou si constants
Voudraient emprisonner un immortel printemps
Sans craindre qu'au doux nid se glissât la vipère...

Et peut-être l'ennui, qui sourdement opère,
A nos baisers prendra leurs vols hauts et contents ;
Les astres terniront leurs reflets palpitants
Au firmament si beau de notre amour prospère.

Pourtant ton pauvre amant, dans son rêve agité,
Veut croire vrai parfois le mot fidélité,
Cherchant bien à pouvoir t'affirmer à l'oreille

Que son cœur est ainsi que la mort désormais,
La Mort qui, toujours prête et sans cesse pareille,
Dit seule sans mentir : « Je ne change jamais ! »

XVIII

La Mandragore, fleur recélant le secret
Qui, dit-on, fait aimer, ne s'entr'ouvre, n'étale
Que dans le sang du cœur son lumineux pétale
Et ne peut supporter un regard indiscret...

Qui la cueille et la pose en son sein pour coffret
Doit savoir la douleur car le plaisir détale,
S'enfuit comme l'eau fuit les lèvres de Tantale
Et le meilleur baiser déjà cache un regret.

Mais l'amour ne voit rien, c'est pourquoi, ma chère âme,
Mon rêve mort renaît au milieu de la flamme
Tel l'Oiseau merveilleux dans sa cendre conçu ;

Je t'aime, ma Stella, quand c'est toi ma souffrance
Et, par tous les tourments de mon amour déçu,
Je cherche encore en toi l'immortelle Espérance !

XIX

Napoléon-le-Grand, tandis qu'il parcourait
En triomphant le monde et refaisait l'histoire,
Proclama qu'en amour une seule victoire
Pouvait être : « la fuite ! » et tua son regret ;

Mais moi, faible rêveur, qui connais la forêt,
Le silence qui parle et me ris de la gloire,
Non, je ne veux pas fuir et je pense que croire
Ce que disait César vraiment m'amoindrirait.

Mon amour est sanglant comme un champ de bataille,
Mais je lutte sans fin, je redresse ma taille,
Pourchassant les soupçons, voulant être vainqueur.

Qu'il reste devant moi, qu'il épuise la peine,
Et la force, et l'espoir débordant de mon cœur :
Je n'ai goutte de sang qui de lui ne soit pleine !

XX

Ton cœur est un oiseau frivole
Épris de pays inconnus
Qui ne veut pas des hivers nus
Pour reposer son humeur folle ;

Bien loin, sans cesse, il vole, vole
Aux vents nouveaux et bienvenus,
Sans que ses départs continus
Lassent mon amour bénévole ;

Car il revient toujours à moi.
Comme l'hirondelle en émoi
A besoin d'effleurer la source,

Il passe avec un chant joyeux,
Rasant l'onde que dans sa course,
Il a fait trembler dans mes yeux !

XXI

Parfois, te sentant loin, la nuit je ne dors pas ;
Les yeux ouverts je rêve, et douce, mensongère,
Sur un rayon de lune, élégante et légère,
Stella, ta vision entre sans bruit de pas :

Je t'appelle, tu viens et nous parlons tout bas ;
Je te prie à deux mains, o riche messagère
De l'amour étoilé, que l'heure passagère
Laisse par nos baisers ralentir son compas...

Lente tu te dévêts — les lueurs argentées
Sèment toute ta peau de perles enchantées
Et ton corps m'apparaît, empire de blancheurs,

Comme l'hiver paraît, avec ses blancs cortèges
De givres, de frimas et de saines fraîcheurs,
Puis devient tout-à-coup le royaume des neiges !

XXII

Ne pouvant plus te voir ni serrer dans mes bras
Ton être bien aimé, j'ai cherché solitude
Et mon regard rempli de ton inquiétude,
Malgré l'espace veut t'apercevoir là-bas...

Non, non je le sens bien, Stella, tu ne sais pas
Combien je t'aime, hélas ! Pourtant la lassitude
A pénétré mes os et je perds l'habitude
Du travail, promenant sans savoir où, mes pas.

Les rêves, je le sais, ne sont que des mensonges ;
Mais je suis très heureux dans le palais des songes,
De t'offrir à jamais un doux encensement ;

Mon amour n'admet point le plus petit partage
Et mon cœur, plein de toi, dans son isolement
Prend des forces encor pour t'aimer davantage.

XXIII

Sur une feuille on voit souvent, après l'orage,
Deux pauvres gouttes d'eau mirer leur pur cristal,
S'attirer, puis, glissant sous un élan fatal,
N'être plus qu'une perle au limpide éclairage ;

Ainsi, mon cœur, un jour cédant à ton mirage,
A vu parmi ton cœur son rêve oriental
Et s'est fondu dans toi comme on fond le métal ;
Aussi ne plus te voir sans fin me décourage.

Trop heureux encor si je pouvais seulement
Parfois t'apercevoir et, fugitif amant,
T'envoyer le baiser de mes regards habiles,

De même que la nuit, tout émus, nous voyons
Dans la splendeur d'été les astres immobiles
S'embrasser doucement en mêlant leurs rayons.

XXIV

Vous m'avez dit : « Brûlez lettres, miniature,
Tout ce qui vient de moi !... » Mais les ailes du feu
Ne peuvent devancer les deux ailes de Dieu
Qui font du souvenir plus que la créature.

Ce n'est point, voyez-vous, du papier qu'on rature...
Et qui donc me prendrait l'amoureux regard bleu
Coulant ainsi que l'onde où j'ai bu votre aveu ?
Mais je le bois encore et rien ne m'en sature.

Soit ! nos doigts enlacés ont pu se délier,
Soit ! plus de dons d'amour. Mais, mignonne, oublier,
Non ! je ne le veux pas !... C'est assez que je brise !...

Le vent fait murmurer le soir les arbrisseaux...
Et le doux souvenir, entendez ! C'est la brise
Qui fait encor chanter mon cœur tout en morceaux !

XXV

Légère, de ma bouche où vous avez bu tant
De caresses, partez, o ma chère amoureuse !
Ah ! vous ne m'aimez plus et mon regard se creuse
En voyant s'assombrir votre front attristant ;

Je vous dois ici-bas un merveilleux instant :
C'est pourquoi je bénis et l'heure bienheureuse
Des tendresses d'hier et l'heure douloureuse
Des adieux d'aujourd'hui, partez donc en chantant...

Notre pauvre amour meurt, hélas ! il agonise !...
Avant que le passé pour moi le canonise,
Je veux pleurer, pleurer tous vos baisers absents ;

Puis je prierai ce Dieu dont la colère broie
Et l'âme de mon cœur et la chair de mes sens
Qu'il vous rende mes pleurs, tous, en larmes de joie !

XXVI

Les morts vont vite, hélas ! mais nos chères amours
S'en vont plus vite encore... ah ! Que Dieu les protège !...
Vois leur danse macabre et conduis le cortège
Des aveugles oublis et des abandons sourds.

Pourtant, nul ne mourra de mes bonheurs trop courts :
Ni tes yeux violets, ni tes blancheurs de neige,
Ni tes fraîcheurs de rose, o Toi que le Corrège
Eût peinte dans les airs en triomphants atours !

Tu ne vieilliras point : sous l'azur du poëme
Les nuits comme les jours, tu resteras la même,
Étoile pacifique ou soleil conquérant ;

Et sera mon sonnet, pour qu'on te reconnaisse
La reine des Beautés, un palais transparent
Où ton front gardera l'éternelle jeunesse.

XXVII

Sans rien dire, pansez mon cœur ensanglanté,
Ne me demandez pas d'où vient la meurtrissure
Et versez, généreux, versez sur ma blessure
Votre affection calme et son baume enchanté.

Doucement réveillez mon songe tourmenté,
O mon frère, j'ai mal, bien mal, je vous l'assure,
Je voudrais guérir, mais je trouve la morsure
Si profonde qu'hélas ! j'en suis épouvanté !

Le mot, si beau qu'il soit, n'est qu'un son qui s'envole ;
C'est mon âme qu'il faut que votre âme console :
Aimez-moi, plaignez-moi, vous, mon meilleur ami ;

Laissez à la gaîté toutes mes portes closes,
Attendez qu'aient passé sur mon cœur endormi
Le silence et le temps, ces grands tueurs de choses !

XXVIII

Je bois à mes amours perdues
Qui chantaient comme le cristal,
A mes tendresses que, brutal,
Le temps soudain a répandues...

Rêvant aux heures attendues
Dans l'isolement qui fait mal,
Je bois à mes amours perdues
Qui chantaient comme le cristal ;

Je bois aux âmes confondues
Dans un beau songe oriental,
Puis à mon cœur sentimental
Vide comme les coupes bues ;
Je bois à mes amours perdues !...

1

AMOUR NOUVEAU

J'avais cessé d'aimer, compris que tout est vain ;
Et, libre, mon Orgueil, comme un aigle sauvage
Des hauteurs de l'éther dédaignant le rivage,
Regardait le soleil et fixait l'art divin.

D'un essor prompt et sûr franchissant le ravin
Profond des passions, méprisant l'esclavage,
Il plaignait les amants que le désir ravage
Et voyait devant lui comme un sage devin.

Son front cicatrisé montrait que la bataille
N'avait pas pu le vaincre ; on jalousait sa taille ;
Il est tombé pourtant, l'amour est son vainqueur.

Ainsi qu'un passereau, lui, dont l'aile était forte,
Traîne sa plume en sang et, blessé jusqu'au cœur,
Il cherche ton regard et se meurt à ta porte !

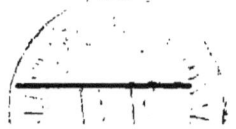

II

QUAND MÊME

—

Les villageois cruels, pour faire chanter mieux
Les oiseaux prisonniers, leur brûlent la paupière ;
Ainsi l'Amour m'a fait, l'Amour au cœur de pierre ;
Il m'a dit : « Chante donc, j'ai crevé tes deux yeux ! »

Amour, je vais chanter, mais lents, comme des psaumes,
Mes vers veulent laisser tout mon trouble endormi,
Ils ne sont pas pour toi, — doux ainsi que des baumes,
    Ils sont pour mon ami.

Mes vers viennent à toi, mon censeur et mon frère
Que l'amour plus que moi si longtemps a meurtri,
Mon cœur comme le tien de tendresse est pétri,
C'est pourquoi ce serment je ne peux pas le faire...

Barre-moi le chemin ! — Ah ! ma lèvre a menti,
Je n'ai pas dit l'adieu, mot dur et cri sauvage
Que la mort seule a droit de jeter en défi
         Sur notre humain rivage.

. . . .

Va, nos cœurs sont d'or franc, nos regards sont d'eau pure,
Les siens comme les miens ; — elle n'est pas au fond
La tache de Musset que les débauches font,
L'Océan n'a donc pas à laver la souillure ;

Laissons les remords vains et les regrets obscurs,
Ne nous éloigne pas ; sans tourner ton visage
Laisse gronder l'orage, il rend les cieux plus purs,
         Plus clair le paysage...

Non, non, ne me plains pas et si la passion
A coups drus a brisé mon cœur sous son feu torse,
Si je suis un vaincu, c'est ainsi qu'un lion
Gardant son air royal, son courage et sa force.

Ami, tu n'as pas vu sur mon front les pâleurs ;
Je n'ai pas lâchement pleuré sur ton épaule.

Seule, la femme a droit de chanter toute en pleurs
        La Romance du Saule.

. . . .

Si mon bateau partait pour un très long voyage,
Ton souvenir serait le blanc sillon d'argent
Que je regarderais de la poupe en songeant
Que tu m'as défendu pour mon bonheur sa plage ;

Mais son cher souvenir serait toute la mer,
La mer qui se confond avec le ciel immense !
Je me trouve assez loin dans mon exil amer,
        Ami, partout l'on pense !...

Entre elle et moi, vois-tu, nul ne mettra de mur,
Ni l'absence, ni toi ; que m'importent les voiles
De gaze ou bien d'airain ? Dans les cieux les étoiles
Quand on ne les voit plus, ont toujours l'éclat pur,

Non, ma trame d'amour, je ne l'ai pas coupée,
Entre nous il n'est rien, là-bas ou bien ici,
Rien qu'un mot dans mon cœur planté comme une épée :
        « Je veux qu'il soit ainsi ! »

Mon amour est vivant et rempli d'assurance,
Je l'aime tel qu'il est, même injuste et méchant,
Je l'aime avec orgueil, j'écouterai son chant,
Je le préfère encore à toute ma souffrance.

Dieu doit pardonner ceux qui pleurent en aimant ;
Je m'en vais triste et fort, respecte mon cœur tendre.
Frère, je crois en toi : seul tu pouvais comprendre
   Ces vers en les blâmant.

. . . .

Mon cœur, mon triste cœur veut garder ses galères.
Loque de vive chair détachée à moitié,
Que les nuits sans sommeil le livrent sans pitié
Aux angoisses d'amour, aux jalouses colères !...

Sur les monts de la Thrace, aux temps chers aux héros,
Les Bacchantes ainsi, la robe dégrafée,
Alors qu'il leur chantait le triomphe d'Éros,
   Déchirèrent Orphée.

III

ABSOLUE TENDRESSE

Ma jeunesse s'envole et par des fils d'argent
Mes rêves attristés marquent ma chevelure,
La fatigue se sent déjà dans mon allure
Et je deviens moins bon, si je reste indulgent ;

Je le vois sans regret et pourtant, en songeant
Que j'ose t'adorer, je sais ma flamme impure ;
Mon amour me fait mal ainsi qu'une coupure
Et ton cœur fait l'aumône à mon cœur indigent ;

Crois-le bien, nul désir, nul espoir ne me leurre,
C'est toi que j'aime en moi qui vieillis avant l'heure
Et j'étouffe soudain tous mes pensers jaloux ;

Je puis te dire enfin, t'aimant plus que moi-même,
Ce que Voltaire a dit dans ce vers tendre et doux :
« C'est moi qui te dois tout, puisque c'est moi qui t'aime ! »

IV

DÉSACCORD

—

Tes beaux yeux dans mes yeux, mêlés comme des ondes
Et comme des clartés, coulaient limpidement ;
Tes mains serraient mes mains ; et, fous d'enlacement,
Tes cheveux à mon cou rivaient des chaînes blondes ;

Sur tes bras caressants, sur tes épaules rondes,
Comme un ruban sans fin s'enroulaient tendrement
Mes caresses ; nos cœurs n'avaient qu'un battement
Et cherchaient des baisers dans nos bouches profondes ;

« Un plus un ne font qu'un », disait notre désir ;
Et deux ailes montaient plus loin que le plaisir
Dont l'une était mon âme et l'autre était ton âme...

C'était un rêve, hélas ! — naïf assurément, —
Un plus un font bien deux, tout sage le proclame,
Et nous ne pensons pas de même en nous aimant !

V

TRISTESSE

—

Oui, l'amour le plus pur est forcément jaloux ;
Mais l'affection vraie a mission divine
De vaincre en notre moi l'effroi qu'elle devine,
De calmer notre orgueil et nos désespoirs fous.

Effacez de mon front les luttes du courroux
Et les troubles profonds de l'absence chagrine ;
Ignorez les soupçons qui serrent ma poitrine,
N'écoutez point mon cœur que je laisse chez Vous.

Qu'importe à vos chers yeux que les miens aient des larmes,
Ils sont seulement faits pour augmenter vos charmes,
Qu'ils restent le miroir montrant votre printemps ;

Mais soyez toute à moi lorsque mon baiser frôle
Vos cheveux dénoués et que mes bras contents
Attachent dans la paix ma tête à votre épaule !

VI

LES PLEURS

—

O Pleurs, mes faibles pleurs, de mon cœur à mes yeux
Sans honte remontez !... Votre pluie abondante,
Sonore coulera comme un tranquille andante
Et bienfaisante ainsi que les ondes des cieux...

Sur mes deux mains, tombez, sans blasphémer les dieux ;
Souffrez, sans envier l'orgueil amer du Dante ;
Et, dans l'enfer cruel de mon âme imprudente,
Voilez pour un moment l'abîme des adieux.

Légères gouttes d'eau, lavez mon amertume ;
Qu'au souvenir divin ma peine s'accoutume !
Ah ! brillez sur mes doigts et devenez miroir

Afin, o mes chers pleurs, de refléter encore,
Aux timides clartés de mon mourant espoir
Son sourire de pourpre et son regard d'aurore !...

VII

BERCEUSE A MON AMOUR BLESSÉ

—

Dors, mon amour, ferme tes yeux
Qu'a brûlés la veille morose ;
Ferme ton cœur et laisse aux cieux
Tous les songes menteurs ; repose
Dans l'oubli lourd de toute chose,
Puisqu'à ta douleur Dieu défend
De montrer le sang qui l'arrose :
Dors, dors comme un petit enfant !

La nuit aux voiles noirs et bleus
Comme la mer est grandiose,
Ensevelis donc tes aveux,
Ton espoir qui se décompose
Au fond de son apothéose ;
On se plaint en philosophant
Et le monde ignorant vous glose :
Dors, dors comme un petit enfant !

Dors, demain tu souffriras mieux ;
Pauvret, dors profondément, ose
Ne plus penser aux durs adieux ;
Cherche des forces, la névrose
Aux découragés seuls s'impose :
Que mon vers soit bon, réchauffant,
Ainsi qu'une mère qui cause :
Dors, dors comme un petit enfant !

ENVOI :

Roi pâle, toi qui fus si rose,
Demande au sommeil triomphant
L' « in pace » de la tombe close :
Dors, dors comme un petit enfant !

VIII

ADIEU

—

Si je renonce à toi, c'est parce que je t'aime
Et qu'au dessus des sens mon amour triomphant
Reste bleu comme un ciel et pur comme un baptême
   Sur ton cher front d'enfant ;

Mais j'ai fait des refrains gais comme ceux des merles
Avec tes mots d'amour dits les cheveux pendants,
J'ai fait de tes baisers des rangs de blanches perles
   Blanches comme tes dents ;

Dans mon rêve j'entends ces chansons qui me plaisent
Encore infiniment car je les sais par cœur,
J'égrène ces colliers dont les reflets m'apaisent
   De leur éclat vainqueur ;

Ton amour, je le vois, c'est l'étoile qui passe,
File comme l'éclair, charmante, au fond du ciel ;
Et mon amour est l'astre immobile en l'espace
        Qui se sent éternel !

Changer c'est vivre, hélas ! Ma peine reposée
Dans mes yeux attristés a laissé quelques pleurs,
Mais ils sont doux ces pleurs, bons comme la rosée
        Qui fait naître les fleurs !

IX

PENSÉE FIDÈLE

—

Les feuilles vont tomber et vous pensez peut-être
Qu'un silence de mort a fatigué mon cœur,
Que votre souvenir va bientôt disparaître
Languissant et flétri dans l'ouragan vainqueur.

Non, voici ma pensée, elle ouvre votre porte
Avec le vent d'automne et vient parmi le ciel ;
C'est la feuille vivante, et non la feuille morte,
D'un beau vert de laurier et d'arbre de Noël.

Je n'ai pas peur d'aimer, ma douleur est vaillante :
Sans colère, jetez doucement dans le feu,
La feuille de mon cœur, verte, lisse et brillante
   Comme l'espoir en Dieu !...

X

NUIT D'AOUT

—

Dans l'océan du ciel comme un vaisseau qui sombre,
Vois, un dernier nuage a disparu, léger,
En découvrant l'éclat de l'astre du berger ;
La nuit tranquille tombe et le bois devient sombre ;

Il pleut dans l'infini des étoiles sans nombre :
Dans l'herbe le follet s'est mis à voltiger,
Le silence absolu se laisse interroger
Et les murs du château sont les miroirs de l'ombre ;

Le croissant de la Lune, au fond du firmament,
Se découpe bien net en arc de diamant,
Le reflet le balance et mon regard s'y pose,

Pour ne plus voir soudain qu'un hamac d'or pâli
Où se berce ton corps, dans sa nudité rose,
Parmi le ciel couleur de lapis-lazuli.

XI

LES YEUX SILENCIEUX

—

Tu n'oses plus parler, o toi qui m'as blessé,
Tu me regardes donc !... avec tes cils tu tresses
Un filet pour garder à tes amours traîtresses
Mon cœur qui pleure ainsi qu'un violon cassé.

Ton caprice charmant à la fin m'a lassé,
J'ai droit à quelque orgueil ; va, tes lentes tendresses
Ont perdu désormais leurs subtiles adresses
Et trop mesquines sont en face du passé...

Laisse mes pauvres yeux se remplir de silence,
Ils ne veulent rien voir, un voile s'y balance
Pour me cacher encor la douleur qui m'attend :

Mon regard est muet par ma volonté forte ;
Hélas ! lui qui vivait comme un ruisseau chantant
N'est qu'un miroir sans tain pareil à de l'eau morte !

XII

SÉPARATION

—

Beauté, chef-d'œuvre exquis, comment n'aimes-tu pas ?...
Car tu n'aimes personne, hormis toi, mon cher ange ;
Et tu passes ton temps à rechercher l'étrange.
Ah ! savoir d'où tu viens en venant dans mes bras !

Où l'on souffre jamais n'arrivèrent tes pas
Et, tel ton havanais douillettement s'arrange
Sur les mous oreillers de ton boudoir orange,
Dans le luxe et l'orgueil s'enfonce ton corps las ;

Frissonne de plaisir sous l'onde qui t'arrose,
Lustre tes longs cheveux, polis ton ongle rose
Et prépare au miroir ton sourire moqueur.

De toi le peintre a fait une toile immortelle
Mais, moi, je ne puis pas chanter en vers ton cœur,
O Paquet de chair rose et de blanche dentelle !

XIII

AMOUR AGONISANT

—

Très chère, enterre donc, sans prières, sans larmes,
Mon amour comme un chien. — Ah, certes ! c'est raison :
Il est bon et fidèle, il aime ta maison
Trouvant douces pour toi les plus dures alarmes ;

Va, marche sur son cœur, tandis que tu le charmes
Avec tes yeux d'acier, ta fraîcheur de gazon,
Avec toute ta vie en pleine floraison,
O toi dont les cheveux ont le reflet des armes !...

Moi j'ensevelirai ton amour orgueilleux,
Égoïste et charmant, commun et merveilleux,
Non pas parmi les fleurs au simple pied d'un arbre ;

Non, je lui bâtirai, sous de lourds chapiteaux,
Une tombe où mes mains sculpteront dans le marbre
Le chœur sept fois maudit des péchés capitaux.

XIV

DÉPART

—

Après avoir couru l'océan des douleurs,
Mon navire cherchant le calme qui soulage,
Un instant a voulu reposer sur la plage,
Pauvre esquif fatigué qui portait tes couleurs :

Mais à lui l'ouragan, non les flots endormeurs !...
Ta main cruelle et chère a coupé le cordage
Au moment où l'espoir montait à l'abordage ;
« Reprends la haute mer, as-tu dit, lutte et meurs !... »

Il part... il est parti !... vois, les vagues abondent,
L'onde et le ciel pour lui maintenant se confondent,
Il trouvera l'écueil par avance béni ;

Fais-lui donc tes adieux, si ton oubli commence !...
Comme un oiseau qui passe au fond de l'infini,
Il n'est plus qu'un point noir parmi le vide immense !

XV

AVRIL

—

Six heures du matin : — souverain bénévole,
Avril, plein de jeunesse et le cœur tout chantant,
Monte avec le soleil sur un char éclatant ;
Son front est à la fois sérieux et frivole.

Et le bourgeon se brise et le frisson s'envole
Et, pur comme un rayon de grands yeux bleus, s'étend
Un océan d'azur où mon rêve content
Avec tous mes espoirs se promène en gondole...

Je n'ai ni chaud, ni froid ; — parmi la feuillaison
Vibre l'émoi vert-tendre égayant l'horizon ;
L'équilibre charmant plane sur la nature...

A moi donc tout ce calme, au moins quelques instants !
Refuse-toi, mon âme, à l'amour qui torture :
Je veux la liberté des brises du Printemps !

XVI

20 MARS

—

Il est né, le Printemps, le grand peintre du monde
Qui colore la fleur, rend le feuillage vert ;
Il vient chanter l'azur dans le ciel découvert,
Se bercer dans les bois et se mirer dans l'onde !...

Je pense à Celle qui ne pourra pas m'aimer
Tandis que, bec à bec et palpitant des ailes,
Les colombes au nid applaudissent les zèles
Des laboureurs joyeux qui vont aller semer...
Et pourtant je n'ai pas de colère en mon âme,
J'ai tué, mes orgueils, ressentiments jaloux,
Qu'au milieu de l'hiver, la douleur qui se pâme
      Faisait hurler comme des loups.

Ah ! ce n'est pas pour moi que le rossignol chante,
Ce n'est pas pour mon corps à qui le repos ment
Que le vent attiédi réchauffe doucement
Le gazon qu'a blessé la froidure méchante ;

Mais, sans haine, j'entends ce merveilleux concert,
Mélange de zéphyrs, enlacement de branches,
Murmures de baisers, soupirs de gorges blanches,
Et j'assiste au festin qu'Éros en roi nous sert ;
Je vois le vin se boire et se toucher la lèvre,
Je dédaigne les pleurs qui tremblent dans mes yeux
Et souris sans rancune, en oubliant ma fièvre,
      Aux sourires qui sont heureux.

Dans mon isolement, je ne veux pas connaître
L'égoïste regret d'un rêve s'écroulant,
L'air est si transparent, le ruisseau si coulant,
Que j'applaudis encor au lilas qui va naître.

Dès l'aurore, j'ai vu, sur le char du soleil,
Le rayon triomphant irradier sa face ;
Il faut que mon tourment comme la nuit s'efface
Et reçoive les feux de son nimbe vermeil.
Si mes vers sont pour moi glacés comme des marbres,
Pour les autres ils vont éclore tout chantants,
Tels les œufs des oiseaux se brisant dans les arbres
      Pour fêter leurs amours contents.

Ainsi que Dieu permet au malade qui tremble
Parfois de reposer dans un sommeil parfait,
Je cesse de souffrir au bienfaisant effet
Du Printemps qui commence et confond tout ensemble ;

Je ne dis pas combien seraient doux nos aveux,
Non, je veux travailler et, si je suis sans joie,
Je suis sans peine aussi ; mon calme se déploie
Comme de fiers drapeaux, comme de longs cheveux...
Si mon espoir se meurt, douce est son agonie,
L'amour de mes beaux jours a brouillé l'écheveau,
Mais pour l'instant mon âme a la sainte harmonie
        Qui plane sur le renouveau !

Oiseaux, gazouillez donc ; fleurissez, o pervenches,
Parfums nombreux et frais, entrez dans les maisons,
Entrez, songes légers, sans craindre les raisons
Qui reprendront trop tôt de cruelles revanches !

Sources claires, coulez et voyez sur vos bords
Passer les amoureux qui vont chercher dans l'herbe
La mandragore rouge et le baiser superbe ;
Riez, roses couleurs, chantez, tendres accords,
O harpes de la brise où l'arpége ruisselle ;
Printemps délicieux, viens donc tout embaumer,
Dis, o Prêtre d'amour, la messe universelle
        Pour unir ceux qui vont s'aimer !...

XVII

Poëte, prends ton luth et me donne un baiser.
A. DE MUSSET.

A MA MUSE

—

Qu'il flotte, le drapeau de mon espoir vainqueur,
Qu'il donne sa souplesse à ma douleur rebelle,
J'enferme le passé dans le fond de mon cœur,
O ma Muse, et je vois combien ta lèvre est belle !...

Je te donne un baiser ! — Ah ! c'est toi que j'attends,
Viens relever enfin mon front las qui se penche ;
Je veux suivre l'essor de ton aile très blanche
Et librement chanter comme un jour de Printemps.

Zeus mit dans tes yeux clairs tous les reflets des astres,
La fierté des dédains, la douceur des pitiés ;
Tes regards peuvent voir tous les humains désastres,
Ils sont droits comme un fer dont on fit deux moitiés.

C'est toi l'amante ! Viens ! Que la verveine naisse
Sous tes pas plus légers que les courses du vent ;
Que le désir d'aimer brûle ton cœur fervent :
Je suis l'amant, c'est toi, l'immortelle jeunesse !

Pâris t'aurait choisie !... Apparais dans l'azur
Toi, la sœur des grands lis, toi qui portes la Lyre ;
Devant mes yeux triomphe, o miroir du ciel pur,
Que je cueille ébloui la fleur de ton sourire !

Toute nue, apparais comme la Vérité,
Dans la pleine lumière et, comme la Nature,
Déesse, ne recherche aucune autre parure
Que les charmes exquis de la Simplicité.

C'est toi que je choisis, sois belle à la fois comme
Les Trois Divinités pour mon contentement ;
O fille d'Homéros, elle est pour toi la pomme,
Pour tes muscles dispos, forts éternellement !

Ah ! de la tête aux pieds que la beauté t'inonde
O Junon, à l'œil grand comme celui des bœufs,
Pallas, aux yeux d'acier semblables aux flots bleus,
Cypris, aux regards doux qui font pâlir le monde !...

Je t'aime, o Muse, entends les appels répétés
De ma voix qui s'émeut ! Que les colombes sages
S'envolent de ton corps qui répand des clartés
Et met des diamants au fronton des nuages !

Que Phœbus Apollo debout sur son char d'or,
Dont les quatre chevaux émerveillés se dressent,
Que Phœbus, au milieu des rayons qui s'empressent,
Vienne enflammer ta lèvre et l'enflammer encor !

Ta bouche est un fruit mûr, c'est moi qui te rends femme,
Le ciel s'ouvre !... et voici que l'Éros triomphant
Me permet de te plaire, en t'appelant « mon âme ! »
De retrouver pour toi des tendresses d'enfant.

Muse, je viens vers toi sur les cîmes ardues
Chercher l'oubli divin et le rhythme joyeux,
Je t'immole ma peine et, mes yeux dans tes yeux,
Je t'offre les parfums de mes amours perdues !

XVIII

A CELLE QUE J'AIMERAI

—

Voila tout mon passé ! Mes amours étaient belles.
Vous serez donc très belle, o Vous que j'aimerai !
Je serai tout à vous que j'aimerai plus qu'elles
Et vous croirez en moi parce que j'ai pleuré.

Combien vous me plaisez et combien je vous aime,
Dieu seul pourrait le dire en toute vérité,
Lui qui le sait déjà ; les ailes du poëme
N'auraient dans l'infini qu'un essor limité...

Ah ! quand vous paraîtrez, j'allumerai la flamme
Qui s'éteignit en moi, je courrai sur la tour
Du palais de mon rêve y dresser l'oriflamme
Qui déroule dans l'air la fête de l'amour ;

Et je vous cacherai dans mon cœur plein d'étoiles,
Comme ces trésors, purs du regard de tous yeux,
Qu'en son sein la mer garde et cache sous les voiles
Tant de fois repliés de ses vêtements bleus !

Et, la force d'aimer m'étant soudain rendue,
De l'absence et du temps me sentant le vainqueur,
Je serai patient, et présente, attendue,
Je vous verrai toujours dans le fond de mon cœur ;

Et je respecterai vos jeunes allégresses,
Vos songes près des miens monteront librement ;
Et toutes les amours et toutes les tendresses
Pour Vous je les aurai de plus en plus aimant.

Pareil au cygne blanc, qui sur de claires ondes
Glisse tranquillement par un beau soir d'été,
Vous habiterez, calme, en vos grâces fécondes,
Sur le lac transparent de ma fidélité.

Ah ! c'est Vous que j'aimais en ma candeur première,
O Vous qui serez juste et qui me rendrez fort ;
Elles sont dans mes yeux, je les vois, vos lumières
Qui feront l'harmonie et l'immortel accord.

Mon âme sera chair, mais vous serez très bonne
Pour que je vous adore ainsi que la bonté,
Pour qu'enfin, si mon heure avant la vôtre sonne,
Vos vivants souvenirs restent à mon côté !

Alors oui, j'oublierai tout ce que j'ai pu croire
Et mon cœur, dédaigneux d'autres espoirs défunts,
Sous la poussière encor chantant votre victoire,
Retiendra dans la mort vos uniques parfums.

LIVRE TROIS

LES PLAINTIVES

I

L'OUBLI

—

Tu le sais donc aussi, toi qui noblement aimes :
L'Amour et la Beauté sont d'égoïstes dieux.
Il faut leur pardonner ; mais, en nous, tous les deux
Ne cherchent qu'un miroir pour s'admirer eux-mêmes.

Ils se prêtent à nous qui nous donnons si bien ;
Nous ne devons jamais les écouter promettre.
Ah ! nous devons servir, sans leur demander rien,
Cette injuste maîtresse, et cet injuste maître !

Ils ont brisé mon nid et je n'ai plus qu'un coin !
Va, mon mal est ton mal et j'ai perdu courage ;
Ma vie est un sillon rebelle au labourage,
Je dois suer du sang pour avancer plus loin.

Je veux te consoler et devant toi je souffre,
Parce que ma tristesse est la sœur de ton deuil.
Hélas ! mon cœur se meurt, mais j'ai franchi le gouffre
Et pour Dieu j'ai vaincu ma chair et mon orgueil.

J'ai fait sa volonté sans le moindre artifice,
Il te faudra demain l'accomplir à ton tour :
Sur la montagne haute où demeure l'Amour
Nul ne monta jamais sans faire un sacrifice.

Je ne veux plus penser, je suis faible, entre nous :
Mes baisers ont perdu les roses de sa bouche,
Je n'aime plus les fleurs, l'isolement m'est doux.
J'attends impatient que le soleil se couche.

Ses rayons m'ont fait mal !... Ah ! c'est que j'ai voulu
Son front si triomphant sous l'or des nimbes doubles,
Que mes yeux éblouis en sont devenus troubles :
On dirait des carreaux sur lesquels il a plu.

Que la nuit soit la paix !... Si l'âme voit dans l'ombre,
Que le rêve menteur s'éloigne enfin de moi !
Les clartés pour mes yeux sont des flèches sans nombre,
Ah ! je suis malheureux, malheureux comme toi !

Je devais à ma foi de bien rester le même
Sans prendre pour cela sa parure au passé,
Mon front s'est élargi comme un arbre cassé,
Mais je n'ai pas cessé de savoir que je l'aime :

Les hivers ont eu beau remplacer les printemps,
Oui, devant le chef-d'œuvre adoré de sa forme
Je brûle encor l'encens des poëmes chantants,
Je veille et ne veux pas que ma tendresse dorme ;

Je l'aime, sur l'honneur, en ce triste moment,
Si la chose se peut, encore davantage,
Moi qui n'ai pas connu la honte du partage,
Je ne puis pas l'aimer plus amoureusement.

Dans mon cœur je n'ai mis, comme en ces boîtes closes
Qu'un parfum précieux, son cher cœur odorant ;
Mais ses bras ont rivé dans leurs apothéoses
Des chaînes à mon cou que la rouille surprend.

Ces chaînes je les brise et la coupe si pleine
Où j'ai bu son ivresse, ah ! je la brise aussi !
Elle ne peut tenir — et c'est là mon souci —
Une goutte de plus de joie ou bien de peine.

Pourtant je pense, ami, quand je redis tout bas
Ce qu'ont dit de charmant tous les plus grands poëtes,
Que, dans sa pauvreté, mon amour n'était pas
Moins beau que leurs amours que Dieu voulut parfaites.

Ses grands yeux transparents avaient fait mon émoi,
Ainsi qu'en des miroirs j'y retrouvais l'image
De ceux qui m'ont aimé ; je leur rends cet hommage
Qu'ils aveuglent ma vie en s'écartant de moi.

Mes espoirs, exilés du céleste domaine,
Avaient trouvé chez eux un espoir consolant
Et j'allais y puiser toute la joie humaine
Que donnent la victoire et l'essor du talent ;

Ils m'avaient fait plus riche encor que la richesse,
Je savais consoler ceux qui sont malheureux.
Voilà pourquoi je suis misérable sans eux
Plus qu'aucun de ceux-là que la pauvreté blesse.

J'aime encor, mais sans foi ; par le doute irrité,
Je ne peux plus marcher sur l'onde et le nuage.
C'est fini, bien fini : chez la Réalité
Je sais que je vais faire un éternel voyage.

Lorsque l'aigle se sent mortellement blessé,
D'un vol pesant et las il regagne la cîme
La plus proche du ciel et, dominant l'abîme,
Il se meurt sans fermer son essor abaissé.

Tel mon sanglant amour, avec peine s'élève
Vers la montagne haute où jamais plus ne fond
La neige de la mort ; il emporte le glaive
Qui vient de l'immoler devant l'oubli profond !

II

ÉTOILE PERDUE

Chère étoile, étoile petite,
Mignonne comme un cœur d'oiseau,
Fleur d'or, divine marguerite,
Vacillante comme un roseau,
Dans la tendresse qui m'inonde,
Dans le désir qui me fait roi,
Ah ! mon âme, mystère et monde,
Se sent petite comme toi !

Chère étoile, étoile brillante,
Va, rivalise avec tes sœurs
A qui sera la plus vaillante,
La plus belle par ses douceurs ;
Diamant hautain qui ruisselles,
Les yeux clairs qui me font la loi,
O source vive d'étincelles,
Ces yeux sont brillants comme toi !

Chère étoile, étoile lointaine,
Pauvre point perdu dans le ciel,
J'aime ta distance incertaine,
Ton feu doré comme le miel ;
Vers toi mon front triste se lève,
Ah ! palpite d'un doux émoi,
L'amour dont j'avais fait le rêve
Hélas ! est aussi loin que toi !

III

CHANSON ARABE

—

A Pierre Joret.

C'est d'elle que je parle, Yamina, ma fleur :
Souple comme un palmier que le zéphyr encense,
Sa figure est très belle et son corps enchanteur
Est baigné de parfums, de zédeb et d'essence.

C'est d'elle, Yamina, que je parle, charmé :
Ses yeux brillent !... Là-bas, c'est elle sous les frênes,
Elle passe !... Et j'aperçois soudain son front aimé,
Blond comme le miel d'or et la moisson des plaines.

C'est d'elle, Yamina, que je parle toujours :
Ses sourcils sont arqués, sa bouche ravissante
Sourit comme un soleil dans le mois des amours,
Tout son être joyeux, comme l'oiseau bleu, chante !

C'est elle que je pleure, Yamina, ma fleur :
Ainsi que la perdrix qui monte vers les nues,
Elle s'est envolée et l'oiseau du malheur,
Le vautour, l'a saisie en ses serres pointues !

C'est elle que je pleure, Yamina, ma fleur :
Sa figure est très pâle, aucun muscle ne bouge,
Le vautour de son bec a déchiré son cœur ;
Hélas ! sur l'herbe verte il a plu du sang rouge !

IV

L'EIDER

A Henri Amic.

Henri, j'aime ton parc où vont les grands danois,
J'aime ses rouges fleurs, ses murs où pend la vigne,
Son étang large et clair où le tranquille cygne,
Fier comme Lohengrin, se sent le roi des rois ;

Là, tels des bras amis, les pins tendant leurs palmes
Invitent le poëte à marcher en songeant
Et le vent frais descend des bouleaux jamais calmes
Dont les frissons légers ont des ailes d'argent.

En me promenant, hier, ravi de tous ces charmes,
Je voulais oublier que mon cœur est blessé ;
Mais, je ne sais pourquoi, tout à coup j'ai pensé
A ce beau chant d'*Ibsen* étincelant de larmes :

L'oiseau de la Norwège a fait son nid bien doux
Pour chauffer ses petits dans les roches lointaines
Et, devant la mer bleue, arrachant par centaines
Les plumes de sa gorge, il ne craint pas les loups...
Cependant le pêcheur ignore la clémence,
De la couche de neige il trouve le sentier
Il vient, et comme il veut que l'eider recommence,
Il pille le nid tout entier.

Sa cruauté pourtant n'a pu porter atteinte
Au désir qu'a l'oiseau d'aimer et de souffrir :
Il rebâtit son nid et pour le recouvrir
Du précieux duvet, il se frappe sans plainte...
Ah ! l'habile pêcheur sait encor l'approcher
Il lui prend tout son bien et lui, seul, misérable,
Il refait de nouveau dans un coin du rocher
Sa couche au labeur admirable.

Pour la troisième fois l'homme vient, pille encor
Le nid moëlleux et chaud, il l'abîme, il le casse...
Alors, le pauvre eider lève sa tête lasse,
Avec peine il essaie un douloureux essor
Puis, à travers la brume, ouvrant enfin ses ailes,
La gorge en sang, les yeux fixés sur l'Orient,
Il s'envole bien loin vers les terres nouvelles
Où le ciel est plus souriant !

C'est ainsi que mon cœur immola bien des rêves :
Pour se bâtir un nid au duvet fin et doux,
Il sut se dépouiller et saignant sous les coups,
Il sentit dans sa chair des flèches et des glaives ;

Puis il crut reposer ; mais l'amour est venu
Pour prendre son trésor, pour voler sa pensée,
Il l'a laissé sanglant, il l'a laissé tout nu !...
La jeunesse a guéri ma poitrine blessée.

Et j'ai refait ma couche — et cruel et charmant
L'amour est revenu chercher les baisers roses,
Les rêves précieux, les tendresses écloses,
Puis, a tout remporté parjure à son serment.

Alors mon cœur a dit : Mourez, o mes beaux songes
Mourez, je ne puis plus faire le moindre effort,
O mirages jolis, o merveilleux mensonges
Mon espoir n'est plus vert, il n'est pas le plus fort ;

Quand l'amour est vainqueur il est toujours méchant,
Je lui laisse mon nid et là-bas je m'envole
Vers l'inconnu ; pour voir si le bonheur frivole
Peut durer plus longtemps, je pars vers le couchant...

Comme l'eider je pars, là-bas, où Dieu commence,
Je monte pour ne plus entendre blasphémer,
Je m'envole bien loin, parmi le ciel immense,
Vers les pays lointains où l'on sait mieux aimer.

V

CHANSON MALAISE DE MALTATULI

—

A Edmond Maillard.

Je ne sais pas où je mourrai ?
Si c'est en mer, si mon navire
Sous l'ouragan un jour chavire,
Loin de mon pays adoré :
Mon corps disparaîtra sous l'onde
Et les requins à grand fracas
Autour de moi feront la ronde ;
Cela, je ne l'entendrai pas !

Je ne sais pas où je mourrai ?
Si le feu prend dans ma demeure,
Si les dieux veulent que je meure
Perdu sous mon chaume effondré :
Le tumulte de l'incendie
Viendra, sinistre comme un glas,
Frapper mon oreille engourdie ;
Cela, je ne l'entendrai pas !

Je ne sais pas où je mourrai ?
Je n'ai pas vu rentrer mon père
Quand il est parti pour la guerre,
Peut-être aussi j'y périrai :
Alors, sur moi, les cris d'alarmes,
Viendront, pour venger mon trépas,
Redoubler la clameur des armes ;
Cela, je ne l'entendrai pas !

Je ne sais pas où je mourrai ?...
Mais si ma paupière est fermée
Au pays de ma bien-aimée
Et que là je sois enterré :
Qu'elle passe, portant sa gerbe,
Sur la terre où je dormirai,
Que sa robe glisse sur l'herbe ;
Cela, cela, je l'entendrai ! !...

VI

SUR DES LETTRES BRULÉES

—

O Parfums, évoquez sous vos molles fumées,
Évoquez son regard où chante le ciel bleu ;
Parfums, brûlez, brûlez et que naisse le feu,
Le feu qui fait mourir les lettres bien-aimées !...

Ces lettres que mes mains ne peuvent déchirer,
Intactes les voici ! Prends-les, prends-les, o flamme.
Je te livre leurs corps qui doivent expirer,
   Mais je garde leur âme !

Mourez, papiers coquets, mourez, cartons nacrés !
Sur le rouge brasier doucement je vous pose,
Comme le prêtre ému devant Dieu qu'il expose
Sur l'encensoir brûlant pose les grains sacrés.

Je regarde monter la flamme qui dévore,
Vous perdez vos blancheurs, adieu ! Mais je vous vois :
A la rose lueur, je lis, je lis encore
   Une dernière fois !...

Feuilles, agonisez o feuilles gracieuses,
Qui n'êtes déjà plus que des restes noircis,
Reprenez ses aveux, ses plus tendres mercis,
Comme l'écrin reprend ses pierres précieuses.

Que ton ballet cruel cesse dans mon foyer,
Flamme, monstre léger aux ailes de lumière !
Que la cendre s'envole et monte tournoyer
        Sur la brise première !

Le feu ne parle pas et moi je ne sais plus...
O nom si court, si doux, qui veux-tu qui te dise ?
Mon cœur est une tombe où tout s'immobilise,
D'où mes meilleurs amis eux-mêmes sont exclus...

Qui saura, longs doigts blancs, qu'une fine écriture
A tout un jour passé, repassé sous mes yeux ?
Le feu s'éteint... Il faut que la flamme s'épure
        En retournant aux cieux.

O Parfums, évoquez, sous vos molles fumées,
Évoquez son regard où chante le ciel bleu,
Parfums, brûlez, brûlez et que naisse le feu,
Le feu qui fait mourir les lettres bien-aimées !

VII

CHANT DE BACCHANTE

A Camille Haëck.

Viens, viens, c'est moi qui suis l'Ivresse,
La Folle aux longs cheveux pendants,
Grise-toi, prends-moi pour maîtresse :
Mes yeux sont des charbons ardents,
La danse, couleuvre ondoyante,
Enroule mon corps souple et nu.
Vois, je suis l'étoile fuyante
Qui s'égare dans l'inconnu !

Évohé ! voici le délire,
Buvons encor, buvons toujours,
Pauvre rêveur, brise ta lyre,
Il n'est point d'immortels amours,
Ah ! bois ma lèvre purpurine
Que jalouserait l'églantier ;
Je veux verser dans ta poitrine
Le fleuve d'oubli tout entier !

Évohé ! fi des gens moroses !
Faisons luire dans le cristal
Les rubis et les perles roses,
Choquons les brocs de clair métal;
Grise-toi, prends-moi pour maîtresse :
Mes yeux sont des charbons ardents,
Viens, viens, c'est moi qui suis l'Ivresse,
La Folle aux longs cheveux pendants !

VIII

ADONIS

A Gaston Sévrette.

Pleure, toi qui souris, o Vénus Cythérée,
Adonis est tombé ! Pleure, Adonis est mort !
Ah ! dans ton désespoir, dans ton divin remord,
Crie en frappant sans fin ta gorge déchirée :

« Qu'il vive, mon époux : je veux, énamourée,
« Dans mes bras immortels, le tenir doux et fort !
« O Nymphes, n'est-ce pas que mon bien-aimé dort ?
« Réveillez-le, cachez la blessure empourprée ;

« Qu'il vive seulement le temps d'un long baiser,
« Et je boirai son souffle alors pour l'épuiser,
« Mes lèvres sentiront qu'il descend dans mon cœur.

Mais Proserpine a dit : « Non, non, c'était son heure,
« Qu'en son sang l'anémone ouvre une rouge fleur,
« Je le prends pour toujours, pleure, o Dionè, pleure !

IX

ROSE MOURANTE

—

Rose mourante, o tendre rose
Qui ressembles à des baisers,
Toi qu'un parfum si doux arrose
Parmi les zéphyrs apaisés ;
Pourquoi, si bien épanouie,
Déjà songer à te flétrir,
O chère fleur évanouie,
Dis-moi pourquoi tu veux mourir ?

Rose mourante, o tendre rose,
Ah ! pourquoi tomber dans mes mains ?
Laisse cette langueur morose
Aux pauvres visages humains ;
Garde encor, garde ton sourire
Et ton charme tant gracieux,
Vis encor, vis, que je respire
Ton cœur calme et délicieux !

Rose mourante, o tendre rose,
Pourquoi ne m'écoutes-tu point ?
Las ! ta douleur se décompose
Et ton corps frêle se disjoint...
Ah ! c'est toi la vingtième année,
Qui s'évanouit dans mes bras,
Elle meurt !... sa grâce fanée,
S'effeuille et ne refleurit pas !

X

L'INDÉCISION

O Mon Ame, pourquoi n'êtes-vous point ravie
Par le soleil, l'amour, l'avril et les chansons ?
Du moins, me direz-vous à quel ciel nous pensons,
Puisque vous dédaignez l'azur qui nous convie ?

— Je pense aux cruautés injustes de la vie,
A l'abîme du rêve où nous nous élançons ;
Le bonheur a chanté, lyre aux fantasques sons ;
De l'écouter encor j'ai perdu toute envie...

Ah ! je vois la menace aux zéphyrs de velours !
J'ai peur ! — ainsi, soudain devinant les cieux lourds,
Le Lion indécis ne sort pas de son antre ;

Ainsi de pauvres cœurs sans froid et sans chaleur,
Dans les limbes du Dante, errent suspendus, entre
Deux mensonges profonds, l'Espoir et la Douleur.

XI

LA TENDRESSE

—

La Tendresse, crois-moi, c'est l'exquise faiblesse,
Mais c'est bien la faiblesse, un mal qui nous meurtrit,
Qui nous prend tout entiers, par le corps, par l'esprit,
Et qui se pare en vain d'un faux air de noblesse ;

C'est le baiser cruel et délicat qui blesse,
C'est le regret qui reste invincible et contrit ;
C'est l'égoïsme, doux au fond, qui nous flétrit
Et c'est la volonté cédant à la mollesse.

Il faut plaindre tous ceux qui pleurent sous sa loi,
Mais il faut réagir ! Enfant, réveille-toi :
Tu rêves dans la vie, et la misère gronde.

Pense aux vrais malheureux ; l'amour est un détail,
Comme l'individu, qui se perd dans le monde :
Il manque encor ta pierre aux cités du travail !

XII

BALLADE DES PETITS ENFANTS MORTS

—

Au Comte de Villarson.

Papa, Maman, souvenez-vous
De nos regards, de nos manières
Et de nos sourires si doux ;
Revoyez nos robes dernières ;
Mais si nos âmes printanières
Ont laissé nos corps dans vos bras,
C'est qu'elles étaient prisonnières :
Papa, Maman, ne pleurez pas !

Nous étions sur vos chers genoux,
Malgré vos bontés coutumières
Des lis immobiles. — A nous
Les ailes, les vastes carrières :
Nous volons fleurs libres, altières,
Autour d'un soleil jamais las,
Dans un monde bleu sans frontières :
Papa, Maman, ne pleurez pas !

Nous avons de divins joujoux,
Des grands palais et des bannières
Où flamboyent tant de bijoux
Et tant de précieuses pierres
Qu'ils aveugleraient vos paupières !
Les astres naissent sous nos pas,
Nombreux ainsi que les poussières :
Papa, Maman, ne pleurez pas !

Envoi :

Nous sommes, parmi les lumières,
Plus blancs que les plus blancs lilas,
Les plus blanches roses trémières,
Papa, Maman, ne pleurez pas !

XIII

RONDEL TRISTE

A Hermann Bemberg.

Il pleut, il pleut, les anges pleurent
Avec les pauvres désolés
Qui ne sont jamais consolés,
Car c'est d'amour, hélas ! qu'ils meurent ;

N'ayant plus les espoirs qui leurrent,
Ils veulent rester isolés.
Il pleut, il pleut, les anges pleurent
Avec les pauvres désolés !

Il pleut — et les oiseaux demeurent
Dans leurs nids frileux, accolés.
Ainsi mes songes affolés
Restent dans mon âme et s'épeurent...
Il pleut, il pleut, les anges pleurent !

XIV

SUR UN TABLEAU DE RENÉ LELONG

Parmi les chênes verts, sous les rameaux penchants
Où passe un jour plus gai que l'azur de Provence,
Étincelle en courant la « Source de Jouvence »
Au milieu des clartés, des parfums et des chants...

Majestueux ainsi que des soleils couchants,
Des vieillards vont, pensifs, vers le flot qui s'avance ;
Sachant qu'on ne boit pas l'eau de la survivance
Ils regardent l'amour avec des yeux touchants :

Ils disent aux amants : « Cueillez des marguerites ;
« Que vos corps élégants, sans candeurs hypocrites,
« Cherchent à s'embrasser sur le lit du Printemps !

« Ah ! le temps passe vite et l'eau coule sans cesse,
« Aimez-vous, grisez-vous, fêtez bien vos vingt ans :
« Les dieux gardent pour eux l'éternelle jeunesse ! »

XV

LA NÉVROSE

Névrose, absurde mal, analyse de soi,
Dont l'orgueil n'est au fond que vanité mesquine,
Fer tranchant l'énergie où l'ennui damasquine
L'arabesque et le tour d'un enfantin pourquoi,

Aides-tu donc l'Effet en discutant la Loi ?...
Tes nerfs à fleur de peau, ta question taquine,
Ta fièvre du nouveau que l'étrange acoquine
Agacent le Travail sans affaiblir la Foi ;

Toi qui dissèques l'Art, la Force et l'Héroïsme,
Tu caches le secret d'un cruel égoïsme,
L'impuissance et l'aveu d'appétits dégoûtés ;

Ton désir est immense en son ardeur charnelle,
Mais tu ne connais point les mâles volontés
Qui font vaincre toujours l'Action éternelle.

XVI

RENGAINE

—

A Valentin Schnéegans.

O Mon cœur, vole, vole,
Ainsi qu'un hanneton ;
L'existence est frivole,
Fausse comme un jeton,
O mon cœur, vole, vole !...

Un fil te tient captif :
C'est l'amour qui te leurre
Et qui te rend craintif,
O mon cœur, pleure, pleure :
Un fil te tient captif.

O mon cœur, chante, chante
Ton amante à l'œil pur,
Tiens dans sa main méchante,
Inonde-la d'azur,
O mon cœur, chante, chante !...

L'astre ne s'atteint pas,
Et la mort vient quand même
En nous ouvrant les bras,
Aime, o mon cher cœur, aime :
L'astre ne s'atteint pas ?

O mon cœur, rêve, rêve :
Ton luth est caressé
Par les vents de la grêve,
Si l'oubli l'a blessé,
O mon cœur, rêve, rêve !

En regardant le ciel
Où ta peine se compte,
Espère en l'Eternel :
O mon cœur monte, monte,
En regardant le ciel...

Tout passe !... lasse !... casse !
Ah ! l'amour passera,
Le baiser lassera,
Le fil se cassera :
Tout casse !... lasse !... passe !...

XVIII

AU BORD DE LA MER

—

A Madame Marie Cuvelier.

Quand vous vous promenez sur la plage sonore,
A l'heure où la vesprée ensommeille le bruit
Des choses de ce monde ; où, sans peur de la nuit,
On voit mieux dans son cœur surtout quand il adore ;

Pensez, Marie, aux monts qui font naître la Dore,
Au pauvre Rochefort dont le souvenir fuit,
Gardez dans vos yeux clairs le reflet qui les suit
Et qui vient des ruisseaux que les prés font éclore.

Laissez voler au ciel, tels les grands oiseaux blancs,
Vos rêves enchantés et vos songes tremblants
Qui veulent voir un port dans l'infini sans rive,

Écoutez les flots bleus et, parmi leurs accents,
Vous pourrez retrouver la voix tendre et plaintive
Des aimés disparus et des amis absents.

XVIII

CHATEAU DE MANRE

—

A Jules Brion.

Manre, c'est le complet repos
Où mon cœur sommeille en silence,
Où seul le vent porte et balance
Le bruit des champs et des troupeaux ;

J'entends à peine les propos
D'un vieux moulin sans vigilance ;
Manre, c'est le complet repos
Où mon cœur sommeille en silence.

Comme autant de petits drapeaux,
Les feuilles pleines d'indolence
Flottent dans l'air frais : — tel s'élance
Vers toi mon souvenir dispos ;
Manre, c'est le complet repos.

XIX

BALLADE A LA MISÈRE DORÉE

De haut regarde la curée
　　Des places et, dans la forêt
De ce monde, fais ton entrée,
　　L'air mélancolique et distrait ;
Dédaigne ce qu'on te soustrait,
Mais ne porte point de livrée,
Car ton maître te trahirait,
Et marche, o Misère dorée !

Souris d'être mal préparée
A recevoir le lâche trait
De la critique désœuvrée ;
De bonne humeur et le cœur prêt
A tout souffrir pour ton secret,
Crois le devoir chose sacrée,
Accomplis-le sans un regret,
Et marche, o Misère dorée !

Sois fidèle à la foi jurée ;
Le Beau n'est pas un mot abstrait :
Il brille sur la route espérée
Avec un merveilleux attrait,
Soleil que la Grèce adorait !...
Va droit vers sa flamme pourprée,
Méprisant tout bas intérêt,
Et marche, o Misère dorée !

Envoi :

Princesse, nul ne comprendrait
Ta douleur : va, passe ignorée,
Discrète en ce monde indiscret,
Et marche, o Misère dorée !

XX

REGRETS QUI TINTENT

—

A Gaston Darde.

Je dis au bois qu'enferme l'ombre :
      Cache mes pas !
— Soit ! mais pourquoi ? dit le bois sombre,
      Je ne sens pas.

Je dis à la brise qui chante :
      Plains mon cœur las !
Elle répond : libre et contente,
      Je ne plains pas.

Je dis : Partons ! au long voyage
      Partons là-bas !
— Je suis ton cœur, dit son image,
      Je ne fuis pas.

Je dis à mon amour fidèle :
　　　Dors ou combats !
Il dit : Dormir, sans rêver d'elle,
　　　Je ne sais pas.

Je dis à Dieu : Vois ! ma prière
　　　Te tend les bras !
L'étude répond meurtrière :
　　　Je ne crois pas.

Je dis : Viens, o mort inconnue !
　　　Mais le trépas
Dit : Ton heure n'est pas venue,
　　　Je ne veux pas.

Alors je dis à ma pauvre âme :
　　　Souffre plus bas !
Elle dit : Épargne ton blâme,
　　　Je ne peux pas.

XXI

ADIEU A MA JEUNESSE

Amis, pauvres amis, ma jeunesse est bien morte :
Ainsi que des oiseaux à l'approche des pas,
Les rêves sont partis... mais ne reviendront pas ;
Vous êtes bons, venez et priez à sa porte...

Qu'au palais du passé sans bruit on la transporte
Où, comme un ostensoir parmi lis et lilas,
Le souvenir, soleil toujours pur, jamais las,
Vient réchauffer les cœurs et tant les réconforte !...

Mettez-lui ses habits d'émeraude et d'argent
Qu'avait si bien brodés mon espoir diligent,
Couchez-la sur les fleurs et dites les lents psaumes...

Hélas ! le temps coupa les ailes des amours,
Pour mon doute méchant il n'est plus de doux baumes ;
Adieu, folle jeunesse, adieu, c'est pour toujours !

XXII

REGRET

La montagne orgueilleuse élève haut sa crête,
Se couronne toujours de rêveuses vapeurs ;
De même fier je laisse, en chassant toutes peurs,
Les rêves vaporeux environner ma tête :

Mais hélas ! si je reste affrontant la tempête,
Demandant aux rochers leurs stoïques torpeurs,
Mes pauvres songes, eux, fuient les repos trompeurs ;
Ils s'en vont, ils s'en vont et rien ne les arrête.

Ils passent, passent vite, emportés par la mort ;
Puis viennent les regrets, puis accourt le remord
Qui, du fiel plein son âme et du sang plein sa bouche,

Hurle au fond de mon cœur, comme, aux temps éperdus
Du roy Loys de France, un loup maigre et farouche
Hurlait toute la nuit aux lugubres pendus !

XXIII

TANTALE

Plongé jusqu'au menton dans une source fraîche,
Vers des fruits insaisis les bras tendus sans fin,
Tantale meurt de soif, Tantale meurt de faim,
Et son geste épuisé sans cesse se dépêche.

L'eau fuit, la branche fuit!... et Jupiter empêche
Le repos de sa fièvre; et sa lèvre, et sa main,
Qu'attend la cruauté du même lendemain
Ont d'éternels efforts... sa bouche reste sèche!...

Mais un moment arrive où le martyr est las :
Retrouvant son orgueil, il croise ses deux bras
Et, défiant les dieux, il se tient immobile...

Notre âme ainsi soudain, devant l'Art qui lui ment,
Qui la tente toujours, refuse d'être habile
Et la soif de savoir l'altère vainement.

XXIV

LES PLAINTES

A Alexandre Josse.

Plaintes des peines de nos âmes,
Plaintes des peines de nos corps,
Qui, jusqu'au silence des morts,
Geignez vos douloureuses gammes ;

O sons pointus, traîtresses lames
Qui nous poignardez de remords,
Plaintes des peines de nos âmes,
Plaintes des peines de nos corps ;

Tout se plaint : l'océan, les flammes,
La terre qu'ouvrent nos efforts,
Le vent, les faibles et les forts.
Hurlez donc — maudits soient les blâmes —
Plaintes des peines de nos âmes !...

LIVRE QUATRE

LE CANTIQUE DES CANTIQUES

A Madame Segond-Weber,
A Robert Gangnat, à Georges Bourdon.

*
* *

Devant certains passages trop obscurs, j'ai cru devoir donner un sens qu'on pourra ne pas admettre, mais qui m'a paru résulter directement de l'ensemble du poëme. Cependant, au risque de nuire au vers, je n'ai rien supprimé et j'ai suivi du plus près que j'ai pu, non-seulement le texte latin, mais aussi et surtout la traduction immédiate de l'hébreu que Renan a donnée à la suite de sa précieuse étude (*).

Mes vers ne rendent peut-être pas tout ce qu'ils doivent à la précision nette et harmonieuse, à la prose exacte du célèbre hébraïsant ; je n'ai pas toujours suivi son hypothèse hardie et savante et j'ai même plusieurs fois osé donner un sens personnel. Quelques dialogues paraîtront vagues et mal

---

(*) **Le Cantique des Cantiques** — avec une étude sur le plan, l'âge et le caractère du poëme — Calmann Lévy, 1879.

coordonnés, on trouvera des répétitions qui ne sont probablement du reste que des refrains ; mais, tout en repoussant les interprétations précieuses des Pères de l'Eglise, tout en rendant un respectueux hommage de gratitude au travail de Renan sur la pastorale biblique, j'ai voulu lui laisser un peu du parfum des encensoirs mystiques et faire encore du poëme de l'Éternel Cantique comme un temple des amours fidèles et inconnues.

Paris, 1er Mars 1888.

I

*Le harem de Salomon. — Les femmes s'offrent à l'amour
du Roi qui leur préfère la Sulamite, sa nouvelle captive.
Elle, ne pensant qu'à son bien-aimé absent, repousse
Salomon.*

LE CHŒUR

Ah ! que sa bouche
Longuement touche
Toute ma bouche !...

UNE VOIX SEULE

Sois mon amant, o mon vainqueur,
Ton baiser, comme une liqueur,
Coule jusqu'au fond de mon cœur ;

Ton nom aux syllabes aimées
A mille douceurs embaumées
Comme les huiles parfumées ;

Toutes les femmes en émoi,
Grises d'amour, viennent à toi,
Mais c'est moi qui t'aime, prends-moi !

LE CHŒUR

A toi mes transports d'allégresse,
Te voir c'est t'aimer, ta caresse,
Mieux que le vin, verse l'ivresse !

LA SULAMITE

Ah ! c'est moi que le Roi des rois
    Libre a choisie,
Mais ne maudissez pas son choix.
    De peur saisie,
Malgré moi, je reste au harem
Et je me meurs loin de Sulem
O Filles de Jérusalem !

Je suis noire, mais je suis belle :
Si mon teint aux nuits est pareil
Sous ma chevelure rebelle,
C'est le rayon du grand soleil
Qui me brûla de sa caresse ;
Ainsi que les tentes d'Ammon
Je suis belle et j'ai la souplesse
De l'Étendard de Salomon !

Mes frères un jour m'ont chassée
Dans les vignes cruellement,
Mais là j'ai trouvé mon amant
Et lui ne m'a point repoussée ;
De l'aimer seul j'ai fait serment !

*Elle évoque le Bien-Aimé et la vision qu'elle a
est si forte qu'elle croit entendre sa voix.*

O toi, Bien-Aimé de mon âme,
Dis-moi le bois où ton troupeau,
Des midis lourds fuyant la flamme,
Sommeille au chant de ton pipeau ?...
Je cherche ta trace fleurie,
Ne laisse point mes pas légers
Longtemps errer dans la prairie
Vers tes compagnons les bergers...

LA VOIX DU BIEN-AIMÉ

Ah ! comment, o toi, la plus belle
Des femmes, ne le sais-tu pas ?
Hors du palais conduis tes pas,
Viens, viens, vers celui qui t'appelle,

Là-bas où bondit le chevreuil !
Ramène tes brebis à l'heure
Accoutumée et vois le deuil
Où ta fuite a mis ma demeure !

SALOMON

Tu me résistes bien, le regard irrité ;
Je veux te comparer, ma fougueuse beauté,
  A ma fière cavale ;
Présent du Pharaon, les galops indomptés,
Elle brise mon char, combat mes volontés
  Et n'a point de rivale ;

Cabre-toi ! mais la femme a le cœur très changeant ;
Je t'ouvre mes trésors, prends ces anneaux d'argent
  Brodés de ciselure,
Je te les donne : prends ces bracelets d'émail ;
Sème les colliers d'or, la perle et le corail
  Parmi ta chevelure !

LA SULAMITE

*Elle dédaigne les présents du Roi et parle
toujours au Bien-Aimé.*

Salomon s'est penché vers moi,
Mais dès qu'il approche ma couche,
C'est le nard, ton parfum à toi,
Que sentent ma gorge, ma bouche,
Mon lit et mes royaux coussins ;
Ton souvenir est dans mes seins,
Tel le bouquet qui s'en échappe,
Et mon cœur, d'amour alourdi,
Tient à ton cœur, comme la grappe
Tient au troëne d'Engaddi !

SALOMON

Oui ! c'est toi la plus belle entre toutes les femmes,
Ma colombe aux yeux doux, pourquoi ces yeux de flammes ?

LA SULAMITE (*au Bien-Aimé*)

Oui c'est toi le plus beau, c'est toi le plus chéri ;
O Bien-Aimé, je pense à notre lit fleuri.

SALOMON

Mon palais est à toi, le marbre qui le pare
Pour le bâtir se mêle au cèdre le plus rare...

LA SULAMITE

Comme les muguets, les mêlées
De fleurs, les grands soleils couchants,
Moi, je suis la fille des champs
Du Sçaron et de ses vallées !...

SALOMON

Alors, tel un beau lis aux lisières du bois
Se distingue dans l'herbe, ainsi je t'aperçois !

LA SULAMITE (*au Bien-Aimé*)

Comme un pommier mûr et robuste
Au fond d'un bois est renommé
Pour ses fruits plus qu'un autre arbuste,
Entre tous, tel mon Bien-Aimé !
J'ai senti défaillir mon âme
Du long désir de l'approcher,
Ah ! dans ses bras seuls je me pâme...
O Bien-Aimé, viens me chercher !

Son fruit seul est doux à ma bouche,
Il vient, il m'emporte là-bas !
C'est sa tendre lèvre qui touche
Ma lèvre qui ne la fuit pas,

Il déroule sur moi la fête
Et l'étendard de son amour,
Son bras droit s'est mis tout autour
De mon corps, l'autre tient ma tête !

Il faut supposer le départ de Salomon.
La Sulamite s'endort et elle rêve du
Bien-Aimé.

LA VOIX DU BIEN-AIMÉ

Par les biches des champs, vos sœurs, parlez tout bas,
Femmes, je vous en prie, o charmantes almées,
Laissez de moi rêver et ne reveillez pas
La plus belle des Bien-Aimées !

II

LA SULAMITE (*en rêve*)

C'est lui ! mon Bien-Aimé, j'entends sa douce voix !
Le voilà franchissant les plaines et les bois,
      Appelant sa compagne !
Le voici, je l'entends, il approche mon seuil,
Il vient, il court léger et, comme le chevreuil,
      Bondit sur la montagne !

Il est là, près de moi ; du mur il fait le tour,
Il cherche pour me voir la fente où luit le jour,
Écoutez ! il me dit une chanson d'amour !

      Il dit : « Viens, la terre s'éveille,
      « Lève-toi, vois mûrir la treille ;

      « L'hiver par les fleurs est chassé,
      « Souris, le brouillard est passé ;

      « J'entends déjà la tourterelle,
      « Viens, nous chanterons avec elle ;

      « Le figuier et la vigne en fleurs
      « Embaument la rosée en pleurs...

« Chère colombe effarouchée,
« Sous quelle pierre es-tu cachée ?...

« Ah ! regarde-moi, parle-moi !
« Amie aux yeux clairs, lève-toi !

« Viens, viens, o ma fidèle amante,
« Parle-moi ! ta voix est charmante ! »

Je viens, mon Bien-Aimé, partons
Visiter mes vignes fleuries
Et prendre les renards gloutons
Qui ravagent dans les prairies,
Car mes rosiers sont en boutons....

Mon Bien-Aimé, toi qui, parmi les vertes plaines,
Mène tes gais troupeaux paître au milieu des lis,
Reviens auprès de moi, reviens, comme jadis,
Lorsque les nuits d'été d'étoiles seront pleines,
Ah ! reviens plus joyeux, le long des hauts maïs,
Que les chevreuils qui vont lutter sur les verveines !

Pendant toute la nuit, sur mon lit j'ai cherché
   Celui que mon cœur aime ;
J'ai fait le tour des murs, des places, du marché :
Je ne l'ai point trouvé, l'ami, le bien suprême,
   Celui que mon cœur aime !

Je l'ai cherché, cherché, je ne l'ai point trouvé ;
Lorsque j'ai rencontré la garde au pied levé
   Faisant partout sa ronde,
J'ai dit : « Avez-vous vu celui qu'aime mon cœur ? »
Puis la garde passée, ah ! j'ai vu mon vainqueur,
   Lui dont l'amour m'inonde !

Vite je l'ai saisi, je ne l'ai plus quitté ;
Chez ma mère il sera le plus cher invité.

LA VOIX DU BIEN-AIMÉ

Femmes, je vous en prie, o charmantes almées,
Par les biches des champs, vos sœurs, parlez tout bas,
Laissez rêver la plus belle des Bien-Aimées,
   Ne la réveillez pas !

> *Salomon quitte le harem. Il fait*
> *coucher la Sulamite sur sa litière*
> *et l'emmène dans son palais.*

III

Le cortège de Salomon.

LE CHŒUR

Qu'est-ce là-bas ? Voyez s'élever des déserts
  Une colonne de fumée,
Le benjoin et l'encens se mêlent dans les airs
  Avec la myrrhe parfumée ;

C'est le palanquin d'or du grand roi Salomon
  Qui s'avance, sur les épaules
Des plus braves soldats d'Israël et d'Hermon,
  Solides ainsi que des môles ;

Tous ils portent l'épée et l'ombre de la nuit
  Agrandit encore leur taille,
Voyez-vous ? Leur épée avec ardeur reluit
  Toujours prête pour la bataille ;

La Litière du Roi !... Quel splendide décor !
  Les balustres et les colonnes,
Le cèdre du Liban, l'argent le plus fin, l'or,
  Brillent au milieu des couronnes...

La plus belle, voyez, des filles de Sion
        Est auprès du Roi qui l'embrasse ;
Sortez et regardez : plus noble qu'un lion,
        C'est le roi Salomon qui passe !

IV

Le palais de Salomon. — Le Roi fait sa cour à la Sulamite, qui le repousse encore, soutenue par la voix du Bien-Aimé.

SALOMON

Oui, c'est toi la plus belle, à tes pieds le Roi tombe,
Tes yeux ont la douceur des regards de colombe
      Sous ton voile entr'ouvert,
Tes cheveux sur ton cou s'éparpillent folâtres,
Comme au mont Galaad les chèvres que les pâtres
      Gardent sur le thym vert ;

Les perles de tes dents sont blanches et serrées
Ainsi que les toisons des brebis préférées
      Qu'on baigne sous l'ormeau,
Ton sourire est sans prix car il vaut la richesse
De la lourde brebis qui, féconde sans cesse,
      Donne double jumeau ;

Comme des fils de pourpre, à ta mignonne bouche
Tes fines lèvres sont un double arc qui se touche,
      O Perle d'amitié !
Ton corps de marbre rose est une colonnade,
Ta joue en sa fraîcheur est comme une grenade
      Ouverte par moitié...

Ton cou s'élance droit, comme sur les terrasses
La tour de David, tour où luisent les cuirasses,
   Les fourreaux de lapis ;
Tes seins fermes et nus avec leurs frissons d'ailes
S'ébattent mieux encor que les faons des gazelles
   Qui paissent dans les lis.

Quand le jour fraîchira, quand descendront les ombres
Et que dans le palais les salles seront sombres,
   Heureux si tu consens,
O Fille de Thersa, qu'en frissonnant j'admire,
Je m'acheminerai vers le mont de la myrrhe
   De santal et d'encens !

LA VOIX DU BIEN-AIMÉ

Je t'aime, toi sans tache, à moi ! Viens, je t'appelle,
Viens à moi du Liban, du Sanir, o ma belle,
   Et quitte Salomon,
Regarde-moi, reviens ; il faut que tu te sauves
De l'antre des lions et des léopards fauves ;
   Fuis les hauteurs d'Hermon !

Tu m'as ravi le cœur, ma chère fiancée,
Par un de tes regards, par ta taille élancée,
   Par tes cheveux flottants ;

Charmant est ton amour, douces sont tes caresses,
Elles m'enivrent plus dans leurs chaudes tendresses
      Que les vins excitants ;

Tes parfums sont exquis et valent tous les baumes :
Les abeilles, au fond de leurs ruches de chaumes,
      Distillent le miel d'or ;
Mais leur doux miel n'a pas la saveur de ta bouche
Meilleure que le lait, plus fraîche sur ta couche
      Que le Liban encor.

C'est ma sœur, mon amour, une source fermée,
Un jardin clos partout, une brise embaumée,
      C'est un parterre en fleurs,
Le grenadier aux fruits les plus roses s'y mêle,
On y voit l'aloës, le safran, la cannelle,
      Les plus fortes odeurs ;

Le troëne, l'aspic, la myrrhe, le cinname,
Tel des bois odorants, découlent de son âme ;
      C'est l'onde qui bondit,
C'est l'onde du Liban, c'est l'eau pure, l'eau vive :
Souffle, o vent, porte-moi, si tu veux que je vive,
      Le parfum que j'ai dit !...

LA SULAMITE

Accours dans ton jardin, mon ami que j'adore,
Cueillir les fruits pourprés que le soleil y dore...

LA VOIX DU BIEN-AIMÉ

Oui ! je viens, me voici ! Ma sœur, dans mon jardin
J'ai cueilli mon encens, mon baume le plus fin
   Et la myrrhe calmante,
J'ai bu mon vin, mon lait et j'ai mangé mon miel.
Mangez, buvez, amis, et regardez le ciel
   Aux yeux de votre amante !

> *Il faut supposer que la Sulamite s'est endormie et que la voix de son Bien-Aimé n'a été entendue que par elle et dans le rêve.*

V

D'abord toujours endormie, puis mi-réveillée, la Sulamite se plaint à ses compagnes du Harem d'être prisonnière. Elle leur dépeint le Bien-Aimé.

LA SULAMITE

Je dors, mais mon cœur ne dort pas...
C'est lui, j'entends sa voix, son pas,
Il frappe, il murmure tout bas :

« Ouvre ! ouvre-moi ! chère épousée,
« Car ma tête est toute arrosée
« Par les fraîcheurs de la rosée ;

« La perle humide de la nuit
« De mes cheveux tombe et reluit,
« Sœur, ma colombe, ouvre sans bruit ! » —

Mes pieds sont nus, les salirai-je ?
Ah ! dis-moi, comment remettrai-je
La tunique qui me protége ?

Mais la porte cède à demi
Mon sein tendrement a frémi,
Ah ! j'ai reconnu mon ami !...

Je me lève toute peureuse,
Doux émoi ! sa main amoureuse
Vient effleurer ma main heureuse !

Mais je tire en vain le verrou,
Je ne puis pas lever l'écrou
Car la myrrhe cache le trou ;

Hélas ! la porte reste close
Et ma main qui plus fort se pose
Glisse encor sur la myrrhe rose ;

J'ouvre enfin — il s'était enfui...
Ah ! je me sens mourir d'ennui,
Je me sauve et vole après lui !

Promenant ma folle détresse,
Je marche loin de la maison,
Bien loin, en l'appelant sans cesse ;
Je sens s'égarer ma raison
Et sans cesse dans mon oreille
J'entends sa voix qui me réveille,
Je cherche et ne le trouve pas !
La garde, qui faisait sa ronde,
Me voyant errer vagabonde
Par la ville a suivi mes pas...

Ah ! les gardiens m'ont frappée,
Puis ils ont volé mon manteau,
Je me suis enfin échappée,
Le corps meurtri, sur le coteau ;
Compagnes, plaignez votre amie,
En vain des murs j'ai fait le tour ;
Cherchez mon amant, je vous prie,
Dites-lui que je meurs d'amour !

LE CHŒUR

Oui, tes plaintes sont émouvantes
Et nos esprits sont alarmés,
Mais quel est celui que tu vantes
Plus beau que tous les Bien-Aimés ?

LA SULAMITE

Mon amant a la blancheur rose
Des rayons pâles du matin ;
Entre mille, sa force éclose
Dit quel sera son fier destin ;
Comme l'or brille sa figure ;
Et, sombres comme l'envergure

D'un vol nombreux de noirs corbeaux,
Ses cheveux crépus flottent calmes
Ainsi qu'une forêt de palmes
Dont les grands vents font des drapeaux.

Ses yeux clairs sont de l'eau courante
Sur un lit de lait, où je vois
La colombe, blancheur errante,
Passer et se baigner parfois ;
Parterre de fleurs, sur sa joue,
La gamme des senteurs se joue,
Ses lèvres embaument les lis,
Une myrrhe douce en ruisselle
Et sa bouche est une parcelle
Des frais jardins du Paradis.

Comme des anneaux ses mains tendres
Se ferment autour de mon corps ;
Les saphirs s'écrasent en cendres
Sur ses reins bleus, fermes ressorts :
Son ventre est blanc, tels les ivoires
Enrichis par les perles noires ;
Ses jambes, plus droites encor
Que les cèdres, sont des colonnes
De fin marbre aux rondes couronnes
Reposant sur des bases d'or !

Il a la fierté des montagnes,
Le charme du Liban vainqueur :
Tel il est, o chères compagnes,
Lui, dilection de mon cœur !

LE CHŒUR

De quel côté, belle des belles
S'en est donc allé ton amant ?
Parle ! nous te suivons fidèles ;
Allons l'appeler tendrement !

LA SULAMITE

Vers son jardin couvert de baume
Mon Bien-Aimé tendre est venu,
Il a quitté son toit de chaume
Pour paître son troupeau charnu
Dans les plantes aromatiques ;
Et, pour cueillir les lis mystiques,
Il court les odorants taillis ;
Il est à moi qui suis charmée,
Je suis à lui, sa Bien-Aimée :
Il est venu cueillir les lis !

VI

Salomon essaie encore, mais en vain, de se faire aimer de la Sulamite.

SALOMON

Mon amie est belle, charmante
Comme Therse et Jérusalem :
C'est la plus belle du harem !
Mais plus terrible est mon amante
Qu'une armée au milieu du fer
Se déployant pour la bataille...

Ah ! que ton regard est amer !...
Baisse tes yeux courbe ta taille !
Oui ! c'est toi qu'aime Salomon !
Toi dont les cheveux vont folâtres
Comme les chèvres que les pâtres
Gardent sur les flancs de l'Hermon ;
Tes dents sont comme de la laine
Qu'on trempa plusieurs fois dans l'eau
Et qu'on prit sur la brebis pleine ;
Ton teint est comme un fruit nouveau.

Soixante reines, vois, plus de quatre-vingts femmes
Et des vierges sans nombre offrent leurs corps, leurs âmes
      A mon royal amour ;
Mais unique colombe, o trésor de ta mère
Qui t'aima moins que moi, c'est toi que je préfère
      A ma splendide cour ;

Les vierges qui t'ont vue ont laissé les louanges
S'échapper de leur bouche ; et tes charmes étranges
      Aux agrestes beautés,
Tes charmes ont séduit les reines et les femmes
Et chacune vantant tes yeux aux claires flammes
      T'admire à mes côtés !

LE CHŒUR

Qui donc est celle-ci ? Comme la rose aurore
Elle apparaît, superbe, et le grand ciel se dore
      D'un printemps de soleil ;
Pure comme la Lune, elle dresse sa taille,
Plus redoutable encor qu'une armée en bataille
      Sur un chemin vermeil !

LA SULAMITE

poursuivant son rêve, elle raconte comment elle a été surprise par les soldats de Salomon.

Hélas ! seule je suis allée
Cueillir des noix dans le verger ;
Je parcours toute la vallée
Appelant partout mon berger,
Regardant si les fruits mûrissent
Et si les grenadiers fleurissent ;
Ah ! je n'avais pas vu les chars
D'Haminadab et je suis prise :
Au vol des quadriges je pars
Et, loin de lui, mon cœur se brise !...

LA VOIX DU BIEN-AIMÉ

Reviens, reviens, reviens, ma belle !
Ah ! prince, il ne t'est pas permis
De vouloir être aimé par elle :
Vous êtes deux camps ennemis !

SALOMON

Ma princesse, tes pieds s'en vont dans les sandales
Légers, harmonieux, sur le marbre des dalles ;
Ton ventre est dur, poli

Comme un vase tourné par un habile orfévre ;
Comme deux faons couchés dessous la même chèvre,
   Ton sein double est joli ;

Tel que le froment pur ta ferme gorge est saine,
C'est un jardin de lis, c'est une coupe pleine
   D'un vin très parfumé ;
Ton cou s'élance droit comme une tour d'ivoire,
Ton œil comme Hésébon coule, tranquille moire,
   D'un flot toujours calmé.

Ton nez est palpitant comme les folles herbes
Qu'au faîte du Liban le chœur des vents superbes
   Met sans cesse en émoi ;
Ta tête est le Carmel, ta vaste chevelure,
Souple comme la pourpre, a la traîne et l'allure
   D'un long manteau de roi.

Oui, c'est toi la plus belle entre les plus charmantes,
Mes délices, o toi, la reine des amantes,
   La perle des beautés,
Car ta taille a l'élan des palmiers grandioses,
Tes seins sont drus et lourds comme leurs grappes roses,
   Source des voluptés...

J'ai dit : Je monterai sur le palmier fertile,
Je monterai cueillir le rameau qui scintille,
  Ton sein me grisera,
Ta gorge comme un fruit est fraîche et de ta bouche
Coule un vin qui fera tressaillir sur sa couche
  Celui qui le boira.

LA SULAMITE

Non, je suis à celui que j'aime ;
Mon Bien-Aimé, je suis à toi :
J'ai senti dans ce palais même
Ton désir voler jusqu'à moi ;
Viens, viens, je ne fus point volage,
Bien-Aimé, rentrons au village,
Allons là-bas passer la nuit ;
Nous nous lèverons dès l'aurore
Pour voir si plus lourd est le fruit
Et si la vigne se colore !

Là, dans les grenadiers en fleurs,
Je te donnerai mes caresses,
La joie arrosera de pleurs
Mes yeux alanguis de tendresses ;
Là, les mandragores d'amour
Embaumeront l'air sans retour ;

Tous les fruits sont devant la porte,
Mes fruits à moi qui t'ont charmé,
Passés, nouveaux, vois-les, j'apporte
Tous mes fruits à mon Bien-Aimé !

Cher amant, que n'es-tu mon frère,
Que ne sommes-nous endormis
Sur le sein de la même mère,
Pour qu'enfin il me soit permis
De t'embrasser sans qu'on me raille ?
Ah ! entre nous plus de muraille !
Viens, tu boiras le vin du jour
Et la liqueur rouge et légère
Du grenadier qui désaltère ;
Sans peur, viens m'apprendre l'amour,
Viens dans la maison de ma mère !

VII

*Le Bien-Aimé est venu chercher sa Bien-Aimée,
il l'emporte à Sulem.*

LA SULAMITE

Ah ! près du Bien-Aimé je dors :
Il est venu le cœur en fête,
Sa main gauche soutient ma tête,
Sa main droite entoure mon corps !

LE BIEN-AIMÉ

Filles de Sion, je vous prie,
Devant elle parlez tout bas,
Laissez rêver ma sœur chérie,
De grâce ne l'éveillez pas !

Le Bien-Aimé emporte la Sulamite.

LE CHŒUR

Au désert elle s'est enfuie
Guérir son amour alarmé ;
Vois, doucement elle s'appuie
Sur l'épaule du Bien-Aimé !...

*Le Bien-Aimé a ramené la Sulamite au
village de Sulem, il la réveille devant
les arbres de sa maison.*

LE BIEN-AIMÉ

Ta peur désormais est chimère
Car ce n'est plus Jérusalem ;
Vois, tes pommiers, la maison chère
Où te berçait jadis ta mère :
C'est le doux pays de Sulem !

LA SULAMITE

Ah ! que mon cœur à ton cœur tienne
Tel le sceau tient au parchemin !
Que ma main s'attache à ta main !
O mon Bien-Aimé, je suis tienne :
  L'amour est fort
  Comme la mort !
L'amour, — c'est l'enfer de nos âmes,
Et l'inflexible passion
C'est le tonnerre aux rouges flammes
De Jéhovah, Dieu de Sion !

LE CHŒUR

L'amour brûle malgré les ondes ;
Il dévaste, brandon vainqueur,
Et les fleuves, les mers profondes
N'éteignent point le feu du cœur ;

L'or ne peut de l'être qu'on aime
Par ses pièges nous séparer,
L'amour qui sait à tout parer
N'a d'autre acheteur que lui-même !

LA SULAMITE

On disait : « Notre sœur encor
« N'a pas de sein, elle est fidèle
« Mais que ferons-nous devant l'or
« Quand le monde parlera d'elle ?
« Faisons des créneaux d'argent pur
« Et de cèdre une barre forte,
« Si notre sœur est comme un mur,
« Si notre sœur est une porte !... »

Oui ! mes seins vierges sont des tours
Et je suis comme les murailles,
Salomon m'offrit ses amours :
J'ai dédaigné ses épousailles !...
Qu'on garde donc Bahal-Hamon
La grande vigne qui rapporte
Cent sicles d'or à Salomon,
Mais moi je suis comme une porte !

Et j'ai dit : Ma vigne est à moi,
En vain, jaloux, tu la regardes,
Reprends tes sicles d'or, grand Roi,
Prends-les si tu veux pour tes gardes,
Je suis à mon ami des champs,
Ah ! j'entends ses appels touchants :

Emporte-moi, fuis intrépide,
O le plus cher des bien-aimés,
Ainsi que le chevreuil rapide
Qui court sur les monts parfumés !

LIVRE CINQ

LES FLEURIES

I

LA ROSE VRAIMENT ROSE

—

A Madame S. Desprez.

O Fleur triomphalement rose
Comme les lèvres du Printemps,
Loin des vermillons éclatants,
Dédaigne la pâleur morose ;

Ni rouge, ni blanche, compose
Tes reflets tendres et constants,
O Fleur triomphalement rose
Comme les lèvres du Printemps !

Afin que la Vierge Formose,
Avec ses éternels vingt ans,
T'effeuille, de ses doigts contents,
Dans le ciel que l'aurore arrose,
O Fleur triomphalement rose !

II

LES VERVEINES

—

A Madame Charles Philipp.

Les Temps Passés m'ont dit que l'Amour plus aimant
Et l'Amitié plus forte, embaumantes Verveines,
Croissaient en vous cueillant et que les douleurs vaines
Se taisaient devant vous, o fleurs d'enchantement !

Les dieux se contentaient de votre don charmant,
Symbole de l'Espoir et de l'Oubli des peines ;
Qu'ils acceptent aussi le sang pur de mes veines :
De mon cœur, de mon livre, il coule également !

Dites votre secret à mes strophes rebelles :
Il fait les hommes bons, il rend les femmes belles,
Il donne le repos à nos désirs pervers.

Prêtez-leur quelque peu votre grâce attachante
Et, si j'ai fiancé vos branches à mes vers,
Que votre parfum vole et que leur âme chante !

III

MERCI

A Madame la Comtesse de Villarson.

Vous étiez dans le parc dès le soleil levant,
    Quand il vous plut, Comtesse, aux grands yeux de
De laisser avec art votre grâce féconde   [Joconde,
Jeter sur le bristol ce dessin si vivant ;

Mon âme vous voyait, car mon âme souvent
Se sauve de prison et partout dans le monde,
Folle, s'emporte ainsi qu'une paille sur l'onde
Et va se promener au caprice du vent...

Ouvrant leur cœur, œillets, campanules et roses
Vous offraient tous les tons pour colorer les poses,
Les souris et les chairs de votre songe d'or ;

Et les cygnes du lac, dont le blanc cou se penche
Souple comme le lis, regardaient leur essor
Se ternir à côté de votre main plus blanche !

IV

POUR UNE IMAGE DÉCOUPÉE

A petite Simone.

Simone, dont les petits doigts
Brodèrent pour moi cette image
Dans le fin bristol qu'endommage
La pointe des ciseaux adroits,

Petit Jésus, je la reçois
En désirant être Roi Mage
Pour mieux vous rendre mon hommage
Et le merci que je vous dois ;

Pour cette dentelle naïve,
Je suis heureux que vous, si vive,
Ayez interrompu le jeu ;

Aussi mon vers la canonise
Et je veux croire pour un peu
Que c'est du vrai point de Venise !

V

LA ROSE DE BENGALE

—

A Madame Paul Roquère.

Frêle, la rose de Bengale
Frissonne au vent le plus léger
Comme les ailes de cigale
Et comme l'amour passager ;

Elle est fraîche, pure, vivante
Comme une gorge de vingt ans :
Dans l'été, l'automne elle invente,
Pour fleurir deux autres printemps ;

Elle est la plus chaste des roses,
La plus tendre par ses couleurs,
La plus chère aux brises écloses,
Elle est la colombe des fleurs !

VI

PORTRAIT TAQUIN

—

Baronne de Béville : une tige de fleur
Qui porte souple et droite une tête mutine ;
Deux grands yeux étonnés dont l'ardeur byzantine
Sommeille étrangement sous leur brune couleur ;

Un désir éternel ignorant la douleur
Qui chez elle, insolent, vif, se cabre et piétine ;
Une gaîté d'enfant de sentir sa tartine
Pleine de miel doré ; quelque peu de pâleur ;

Très délicate ainsi qu'un bibelot de Sèvres ;
Trop souvent en voyage et jamais « rue aux Chèvres »,
Adorable, adorée, un charmant petit cœur ;

Signes particuliers : N'aime pas la chartreuse,
Surnomme ses amis, conduit d'un air vainqueur,
C'est un pastel gris-bleu peint à Londres par Greuze.

VII

BRODERIE

—

A Madame Alexandre Jacquin.

Avec un art exquis, très délicatement,
Pour peindre les éclats parmi les broderies,
Vous emperlez la soie en vos orfèvreries
Et vous chantez les tons d'un coloris charmant ;

Parmi votre dessin au rare agencement,
Des oiseaux inconnus, sur les tapisseries,
Des étranges palmiers, des passementeries,
Font luire les tissus comme un clair firmament.

Comme vous, je voudrais animer mes chimères
Et fixer dans mon cœur les projets éphémères
Qui s'y pressent ainsi que tous vos petits points,

Mais je n'ai point, hélas ! les jolis doigts des fées,
Mes rêves, sitôt nés, volent, volent disjoints
Et jalousent un peu vos ravissants trophées !

VIII

L'ŒILLET BLANC

—

A Madame Le Vassor.

C'EST une touffe de dentelles
D'où monte un long parfum d'encens ;
Il parle au cœur bien plus qu'aux sens
Et dit : « les amours immortelles. »

Comment donc ses blancheurs font-elles
Pour avoir tons si caressants ?
C'est une touffe de dentelles
D'où monte un long parfum d'encens.

Les roses ne sont pas plus belles
Ni les grands lis plus innocents
Et les épis resplendissants
N'ont pas des élégances telles :
C'est une touffe de dentelles !

IX

LE BLEUET

—

A Madame de Négraval.

Tout bleu comme la mer immense,
Miroir de l'azur éternel,
Comme le fond d'un vieux pastel,
Ou le champ des armes de France ;

Bleu comme l'antique romance
Des anges qui chantent Noël ;
Tout bleu comme la mer immense,
Miroir de l'amour éternel ;

Bleu comme l'amour qui commence,
Comme les regards bleus de ciel
Des madones de Raphaël,
Dans les blés le bleuet s'élance
Tout bleu comme la mer immense !

X

SUR UN PORTRAIT
DE LA PRINCESSE BACCIOCHI

A Henri Bouillon.

Hier soir j'ai vu chez vous le guerrier demi-dieu
Au profil pur et grand de médaille romaine
Et j'admire, malgré ma foi républicaine,
Le Corse Imperator et son œil d'acier bleu ;

Je le vois, tout entier dans ce portrait de femme,
Apprenant à son aigle à fixer le soleil
Pour enserrer le monde en ses ongles de flamme
        Tachés de sang vermeil !...

Il passe, ferme et fort, sur la terre envahie,
Volant comme la gloire, il passe, je le vois,
Courbant comme des joncs les papes et les rois,
Il marche sur le cœur de la France trahie !...

Le voilà, le héros, l'illustre vagabond
Qu'ont maudit tant de fois les mères bien-aimées,
Ah ! c'est son front bombé, c'est son regard profond
      Où passent des armées !

XI

LE LILAS DE PERSE

—

A René Chansarel.

Rose pâle et violet tendre,
Le Lilas de Perse est charmant :
Il fait le premier un serment
A l'amour que Mai va répandre ;

Ses grappes savent se suspendre
Comme des nids d'embaumement ;
Rose pâle et violet tendre,
Le Lilas de Perse est charmant.

Ému, ravi, pour mieux comprendre
Sa grâce, il faut être un amant,
Et le respirer doucement
Sur le sein qui le laisse prendre,
Rose pâle et violet tendre.

XII

LES BOUTONS D'OR

A Madame Henri Roty.

Pareils aux vieux louis de France
D'un tapis vert brillant décor,
Mars gaspille les boutons d'or
Dans les prés couleur d'espérance ;

Avec sa candide assurance,
Avril en jette encor, encor,
Pareils aux vieux louis de France
D'un tapis vert brillant décor...

L'herbe humide a leur préférence
Et leur harmonieux trésor
Griserait un Impérator
Par sa métallique apparence :
Pareils aux vieux louis de France.

XIII

TROIS DESSINS DE FÉLIX RÉGAMEY

I

PARISIENNE CHASSERESSE

Diane de Paris gentiment costumée,
La carabine basse, allez par les chemins !...
La poudre est dans vos yeux bien plus que dans vos mains
Et vos joyeux projets font seuls de la fumée ;

De vos fines senteurs la brise est parfumée,
Les cailles rient de vous et vos airs inhumains
Leur font moins peur le jour, qu'au soir le blanc jasmin
De vos dents, quand le bal prend sa mine allumée ;

Vous êtes à croquer, vêtue en damoiseau,
Mais !... regardez !... mon cœur... n'est-ce pas un oiseau ?
Tout près de vous, il vient, sans vous croire alarmante ;

Pour l'attirer, votre œil comme un soleil a lui,
Le voilà sur vos doigts, prenez-le, ma charmante,
Et qu'est-il donc besoin que vous tiriez sur lui ?

2

LA CHASSE AUX AMOURS

Aux bords du Thermodon, libre ainsi que les nues,
Comme l'acier des traits forgeant sa volonté,
Galopait l'Amazone et son corps indompté
N'abandonnait qu'au vent ses chairs vierges et nues.

Pâle, Vénus frémit à ses lois méconnues
Et manda ses amours — la farouche beauté,
L'arc en main, pourchassa les blonds fils d'Astarté ;
Eux, ils se riaient bien des flèches continues...

Et Thésée arriva, roi robuste et vainqueur,
La guerrière lutta, mais sentit que son cœur
S'allumait sous l'étreinte enveloppant son torse.

Ainsi, parfois une âme, amazone au fier pas
Se campant pour lutter et se croyant de force,
Voudrait tuer l'Amour, mais l'Amour ne meurt pas !

3

CHINOISERIE

Grâce à vous je vais à Pékin
Sans faire un pas hors de ma chambre,
Merci ! J'aime le parfum d'ambre
Et le remous du palanquin ;

Prêtez-moi l'éventail taquin
De la Chinoise qui se cambre,
Grâce à vous je vais à Pékin
Sans faire un pas hors de ma chambre ;

Vous avez l'esprit d'Arlequin :
Ah ! bien que je ne sois pas membre
De l'une ou bien de l'autre Chambre,
Et ne puisse aller au Tonkin,
Grâce à vous je vais à Pékin !

XIV

LA BOURRÉE

—

A Camille Morel.

Les mains en l'air, les poings fermés,
La bourrée en ronde se danse,
On frappe du pied en cadence,
Le teint vif, les yeux animés ;

Quelques cris, tout à coup calmés :
Puis, la hanche qui se balance ;
Les mains en l'air, les poings fermés,
La bourrée en ronde se danse ;

L'un fuit l'autre, les pas rhythmés...
C'est la valse, l'indépendance,
Sans corps à corps, sans impudence,
Tournant sur de vieux chants aimés,
Les mains en l'air, les poings fermés !

XV

L'AMOUR ET PSYCHÉ

—

A Adrien Charles.

Tel un sculpteur antique, o puissant Canova,
La Forme et la Beauté t'appelèrent vers elles
Pour te donner le marbre où, charmeur, tu ciséles
L'extase de l'Amour que Psyché captiva.

Quel couple harmonieux ! — sereine comme Éva
Sortant des mains de Dieu, l'amante aux calmes zèles
Vers l'amant tend des bras, aussi blancs que ses ailes,
Et demande à ses yeux le ciel qu'elle rêva.

Libre, mon âme aussi s'est suspendue aux lèvres
De l'Éros triomphant : elle bénit ses fièvres,
Abandonne soudain toute sa volonté,

Elle chante sa force et tendrement se pose
Sous son front qui répand une ardente clarté
Pour partager sa gloire et son apothéose.

XVI

AVANT ASCANIO

Le front toujours pensif, l'œil ardent, Cellini
Ne travaillait jamais que l'or pur, l'argent pâle
Et sur eux il jetait le diamant, l'opale,
L'amour, la paix, la guerre et l'art à l'infini...

Le pape avait alors un ciboire garni
D'astres comme le ciel, et, vrai Sardanapale,
Le roi tenait un sceptre où le monde s'empale,
Qui valait plus que tout son pouvoir réuni ;

O Maître, laisse ainsi ta force gracieuse
Sur ta harpe sertir la pierre précieuse
Où flambe le feu clair des brillantes chansons,

Puis, dans la coupe riche, œuvre de ton génie,
Verse-nous plein d'orgueil, Prince des échansons,
Le vin mélodieux des vignes d'Harmonie !

XVII

BALLADE DU FORGERON

> *O Vénus, tu verras que ma pensée est belle !*
> *Les rois heureux ont les festins, moi j'ai le feu,*
> *Il est la vie, il est plus que moi qui suis Dieu,*
> *A nous deux, car il est mon fidèle complice,*
> *Infligeant aux brillants métaux un dur supplice,*
> *Nous les martyrisons, nous les transfigurons,*
> *Nous sommes, o Clarté, les hardis forgerons !*
>   TH. DE BANVILLE.

TANDIS que, vierge, les yeux saints,
Vénus étale hors l'écume
La splendeur double de ses seins,
Polis sous ton manteau qui fume,
Cisèle au feu pur qui parfume,
Parmi les éclairs radieux,
La Rime double qui s'allume,
O Forgeron mélodieux !

Mûris tes multiples desseins,
Héphaïstos, toi, qu'accoutume
La force, excite les essaims
Onduleux des flammes, consume
Pour nous ton cœur sans amertume
Et répands, maître studieux,
Ta lumière dans notre brume,
O Forgeron mélodieux !

A toi l'escarboucle aux dessins
Merveilleux, à toi le volume
De l'air entier ! que tes bras sains
Battent à Pégase qui hume
L'air de la liberté posthume,
Battent, loin du monde odieux,
Des fers plus légers que la plume,
O Forgeron mélodieux !

ENVOI :

Prince, aussi bon que grand, assume
Nos efforts puisqu'il plaît aux dieux
Que l'astre d'or soit ton enclume,
O Forgeron mélodieux !

XVIII

L'ÉTÉ EN BEAUCE

—

A Paul Reibell.

L'azur est triomphant au ciel calme et sans nue,
Le soleil, orgueilleux de ses lourdes moissons,
Dans un océan d'or fait, comme des poissons,
Se jouer ses rayons qu'une brise atténue ;

La Beauce, mer des blés, augmente, diminue,
Fait onduler ses flots aux multiples frissons
Et les épis brillants chantent : « Nous jaunissons !
Ouvrez-vous, o greniers, la richesse est venue ! »

Qu'ils s'étendent au loin, ces vastes horizons !
Pas d'arbres chevelus, pas de riants gazons,
Partout des champs unis, aux chatoiments de soie ;

De tous côtés, la plaine, au sol profond et sain,
La plaine qui se donne au Faucheur dans la joie,
Au Semeur du printemps qui féconda son sein !

XIX

POUR REMERCIER MADAME REIBELL

DE L'ENVOI D'UN VIEUX PORTRAIT D'ARCHEVÊQUE

—

Je viens remercier votre amabilité
Qui manda près de moi le Prélat de Corcyre,
Très noble ambassadeur au visage de cire,
A l'œil rêvant encor au psaume médité ;

De l'anneau de rubis je l'ai félicité ;
Blanc vêtu comme au temps de Léon pape et sire,
Il ne sait déjà plus que la mort vint l'occire,
Tant lui vont sa peinture et son antiquité.

Disputant aux chagrins ma jeunesse flétrie,
Quand je serai parti, voyageur de la vie,
Ce vieillard, tous les jours, semblera rajeunir ;

Car mon rêve verra votre main fine et pâle
Me donner à sa place, — effet du souvenir, —
La bénédiction archiépiscopale.

XX

LA CASCADE

A Georges Tallon.

La cascade, c'est l'eau qui danse,
C'est la bacchante des ruisseaux !
Elle passe, les arbrisseaux
Veulent en vain sa confidence ;

Elle court, court, saute en cadence,
Comme le cœur des jouvenceaux,
La cascade, c'est l'eau qui danse,
C'est la bacchante des ruisseaux !

Le vent se perd sous l'abondance
De ses cheveux aux lourds faisceaux,
Et les fait rouler en cerceaux
Lorsque l'orage se condense :
La cascade, c'est l'eau qui danse !

XXI

LA MÉNADE

A Louis Joret.

Comme le raisin coloré,
Ma lèvre devient rouge et mûre
Et mon sourire blanc murmure
L'appel d'un amour adoré ;

J'emmêle le pampre doré
Dans ma tresse au reflet d'armure ;
Comme le raisin coloré,
Ma lèvre devient rouge et mûre !

Et le parfum évaporé
De ma chair qui sent la luxure,
Promet le baiser qui sature
Et grise l'amant éploré
Comme le raisin coloré !

XXII

CHEVELURE

—

CALMES, sous vos reflets de tragique miroir,
Mes cheveux, ressemblez aux grandes nuits sans lune,
Aux brouillards endormis au milieu de la dune,
Aux attentes du cœur qui sont pleines d'espoir !...

Pareils à l'ouragan qui commence à pleuvoir,
Capricieux ainsi que l'injuste fortune,
Soudain effarez-vous sur l'écaille importune,
Tel l'effroi de la peur qui ne sait plus rien voir !

Longs cheveux, lourds cheveux, o farouche bannière
Que je ploie à regret, sous vos airs de crinière,
Soyez souples ainsi que les flots de la mer ;

Ayez les ondoiements d'une changeante moire,
Et formez sur mon front comme un casque de fer
Qui bombe sous la peau d'une panthère noire !

XXIII

LA CAPRICIEUSE

A Marcelle de Mareuil.

Puisque « toujours, » « jamais, » les serments, les adieux,
Sont mensonges cruels dont toute bouche est pleine,
Que tout meurt ici-bas, le bonheur et la peine,
Le printemps et l'hiver, les hommes et les dieux ;

Puisque parmi les fleurs, l'azur mélodieux
De l'espoir enchanté, l'âme, pauvre phalène,
Se lasse de voler, brusquement sans haleine,
Et retombe du ciel sur le sol odieux ;

Mignonne, tu fais bien de suivre ton caprice,
De profiter gaîment de l'heure tentatrice
Et de croire au plaisir en doutant de l'amour.

Ris du monde ennuyeux que ton dédain offense,
Et, mes mains dans tes mains, laisse, au déclin du jour,
Mes deux yeux se noyer dans ton regard immense !

XXIV

LA GIROFLÉE DE MURAILLE

A Madame Joret.

SYMBOLE de fidélité,
Jaune d'or pâle et senteur douce,
Sur les murailles elle pousse,
Ignorant sa fragilité.

Belle par sa simplicité,
C'est une violette rousse,
Symbole de fidélité,
Jaune d'or pâle et senteur douce.

Simple, loin du palais habité,
Sur la muraille qui s'émousse,
En sœur du lierre et de la mousse,
Elle charme l'adversité,
Symbole de fidélité !

XXV

LE PAYSAGISTE

A Émile Labiche.

Je cherche le secret des couleurs de l'Aurore
Et l'incarnat sanglant du soleil enflammé,
Je cherche le vert pur des prés au mois de mai,
Le jaune d'or des blés que juillet fait éclore ;

Je veux le calme azur et l'arc multicolore
Que de son pinceau frais l'averse a parfumé ;
Je prendrai sa vapeur au matin embrumé,
Son clair de lune doux à la nuit qui se dore ;

Je rendrai l'infini de la plaine et du ciel,
La profondeur des bois, la blancheur de Noël,
La feuille qui va naître et la feuille mourante ;

Ah ! je voudrais saisir le frisson du roseau,
Le mouvement sans fin qui fait l'onde courante,
Le passage du vent et le vol de l'oiseau !

XXVI

BALLADE D'ÉROS

> *Et ce que, par dessus toutes choses, j'attends,*
> *C'est, sous les profondeurs des hêtres et des charmes,*
> *C'est, dans les bois chenus, les rires éclatants*
> *Du jeune Amour semeur de larmes !*
>
> JULES PERRIN.

Éros, Éros, dieu volontaire
Qui ne tiens jamais ton serment,
Enfant au cruel caractère,
Ton malin sourire est charmant.
On ne voit pas ton arc s'armant,
Prêt à répandre les alarmes,
Tu nous blesses si gentiment,
Semeur de baisers et de larmes !

De Chérubin au vieux Voltaire,
Du plus riche au plus pauvre amant,
De la mondaine à la panthère,
Tous, sur tes yeux de diamant
Fixent leurs yeux imprudemment
Et les moines, Chartreux ou Carmes,
Te cherchent dans le firmament,
Semeur de baisers et de larmes !

C'est toi le seul maître sur terre ;
Tu mélanges, hélas ! gaiment
L'amour pur avec l'adultère,
Tu « t'emballes » éperdûment
Et le froid Schopenhauër ment
Quand il dit qu'on brise tes armes ;
Ah ! contre toi pas d'argument,
Semeur de baisers et de larmes !

Envoi :

Prince, toi si léger, comment,
Sur mon cœur ravi de tes charmes,
Peux-tu marcher si lourdement,
Semeur de baisers et de larmes ?

XXVII

BLASON

Sur cet écu *d'azur* plein de mélancolie,
Fière comme un regard du Cid Campéador,
L'Aigle des monts d'Auvergne abaisse son vol *d'or,*
Large comme un pennon que l'écuyer déplie ;

Sous le croissant *d'argent* que son œil humilie,
Lasse de son repos, audacieuse encor,
Elle rêve parfois aux vallons du Thabor,
A l'Orient charmeur que l'Occident oublie.

Pour supports, ni lions, ni lambrequins forgés :
Un groupe harmonieux de nuages légers
Reflétant les rayons du soleil qui se lève,

Et, pour simple cimier, le casque patronal
De *Georges,* chevalier posé sur le saint glaive
Qui transperça jadis le Dragon Infernal.

XXVIII

LE BRUIT DE LA MER

—

A Guillaume de Gayffier.

CHANSON aux éternels murmures,
Harpe d'émeraude et d'azur,
Qui sonnes comme un acier dur
Frappant d'invisibles armures,

Mer vive, ainsi que les ramures
Qui tressaillent au printemps pur,
Chanson aux éternels murmures,
Harpe d'écume et d'azur,

Le mouvement que tu tortures,
Insondable et limpide mur,
Est dans mon cœur, qui jamais sûr,
Attend les tempêtes futures,
Chanson aux éternels murmures !

XXIX

BALLADE DU ROSSIGNOL

—

A Jean Richepin.

Ami Rossignol, je t'attends
Le long des bois et des prairies ;
Viens, quand l'air sent bon le Printemps,
Viens dans la nuit de pierreries,
Vocalise tes rêveries ;
Ah ! je t'écoute à me griser,
Poëte des amours chéries,
Ton chant est doux comme un baiser !

Les eaux, les arbres sont contents,
C'est le mois où tu te maries,
Chante près des œufs palpitants,
Fais tes cristallines séries
De trilles et de broderies,
Dieu t'a créé pour l'amuser
Avec tes romances fleuries :
Ton chant est doux comme un baiser !

Entre les feuillages flottants,
La brise de ses flatteries,
De ses murmures tremblotants,
Applaudit l'air que tu varies ;
Et, les astres, quand tu les pries,
Brillent mieux pour te composer
Un beau lustre d'orfèvreries ;
Ton chant est doux comme un baiser !

ENVOI :

Prince, à tes tendres jaseries
Toute douleur veut s'apaiser,
O charmeur des âmes meurtries,
Ton chant est doux comme un baiser !

LIVRE SIX

LES FRATERNELLES

I

FRATERNITÉ

—

A Paul Deschanel.

Vous qui peinez sans fin, noblement tête haute,
Et qui luttez toujours sans être les vainqueurs,
Je vous aime et vous plains ; j'ai mal à tous vos cœurs,
Même quand vous souffrez par votre unique faute.

Vivons paisiblement, aidons-nous côte à côte :
Nos actes les plus clairs sont de troubles liqueurs.
Lorsque Dieu nous l'envoie, ah ! nos doutes moqueurs
N'ont jamais eu le droit d'interroger notre hôte !...

Ce n'est pas la pitié qu'attire votre deuil :
La pitié la meilleure est encor de l'orgueil ;
C'est la compassion qui calme et qui console.

Je vous crois aussi, vous, qui tombez le plus bas,
Je vois luire en vos yeux un rayon que j'isole,
Et je pleure avec vous, je ne vous juge pas !...

———

II

ÉGALITÉ

A Georges Bernard.

La tête dans ses mains, au fond de son orgueil,
Le penseur cherche en vain ton terrible problème ;
L'ouvrier sans travail, serrant les poings et blême,
Te demande à grands cris le remède à son deuil ;

Le poëte en pleurant reste assis sur ton seuil,
Il croit, dans son espoir, que tu viendras quand même ;
Non, non, tu n'ouvres pas à qui prie ou blasphème
Et seule, hélas ! la mort peut lire dans ton œil.

Parle donc pour calmer la misère haineuse,
Fais pénétrer partout ton âme lumineuse
En voilant de rayons les trop justes rancœurs ;

Anime ta beauté, sors de ton dur silence ;
Par le travail, l'amour, fais au moins que les cœurs
Aient tous le même poids dans la même balance !

III

LIBERTÉ

—

A Léon Briens.

C'est Dieu qui m'a donné mes ailes de lumière,
Mon calme triomphant, ma force et ma fierté,
Je suis l'harmonieuse et sainte liberté
Qui partout, ici-bas, dois passer la première ;

Pallas rêvant des arts ou bien simple fermière,
Je vois l'effort constant, la bonne volonté ;
Je ne m'arrête pas dans mon vol indompté
Voulant illuminer la plus humble chaumière ;

Je n'ai jamais baissé ni mon front ni mes yeux,
Je fixe le soleil, mais l'ordre est dans les cieux,
J'admire ses beautés et ses munificences ;

Appelez ! me voici !... ne me pourchassez plus,
Enfermez au chenil la meute des licences,
Je viens vous apporter les bienfaits attendus !

IV

APAISEMENT

—

Au Président Auburtin.

Il faut de justes lois, des dogmes raffermis
Qui ne blessent personne ; il faut tuer la haine,
Poison cruel et lent qui pourrit l'âme humaine,
Et posa les Français en frères ennemis.

La Patrie est à tous, aux enfants endormis,
Aux forts comme à ceux-là que la faiblesse mène,
Elle est mère et n'a point de spécial domaine :
Tous ses fils sont égaux et doivent être amis.

Laissons en paix la Foi porter sa robe grise ;
Platon, Jésus, Manou, Mahomet ou Moïse,
Il faut toujours un nom qui dise : Charité !

Respectons l'Idéal qui fait les cœurs d'apôtres,
Et soyons tolérants : la sainte Liberté
N'a point brisé nos fers pour enchaîner les autres.

V

LA QUESTION SOCIALE

—

A Paul Guiraudet.

Egoistes charmants, jeunes gens balancés
Par les riches amours dans la valse fleurie,
Jouisseurs, vieux banquiers qui vivez sans patrie
Et devant le Veau d'or grotesquement dansez ;

Vous, les heureux du monde, avec peur vous pensez
Qu'on n'est pas assez dur pour le pauvre qui crie ;
Et, dédaignant de voir sa juste rêverie,
Vous niez les devoirs dont vous vous dispensez !

Où sont vos cœurs aimants et vos volontés droites ?
Avez-vous le mépris des paroles adroites
Qui bercent aujourd'hui pour mieux mentir demain ?

Ah ! la solution du social problème,
C'est plus que faire aumône à qui nous tend la main,
C'est tendre aussi sa main, *c'est se donner soi-même !*

VI

L'OUVRIER

A Augustin Amelot.

Tout s'achète, se vend, les honneurs, les tendresses :
Je veux de quoi payer, c'est mon tour à la fin,
Le luxe m'a tenté, j'en ai soif, j'en ai faim ;
Tu me trompes, ô Dieu, qui sur la croix te dresses !...

Et, nouveau Prométhée aux coupables adresses,
Niant la charité, narguant le séraphin,
L'ouvrier a compris que l'or est au plus fin,
Il veut le dérober aux cieux lourds des richesses ;

Il ne craint pas la foudre, il menace les dieux
Et croyant que la mort a d'éternels adieux
Il suit tous les élans des âmes corrompues ;

La haine est dans ses yeux, le vice est dans sa chair,
Vous ne le voyez pas, vous, ô banques repues,
Qui fermez votre coffre aux durs panneaux de fer !

VII

LE PAYSAN

—

A J. Lefournier.

Peuple plein de bon sens, à toi je rends hommage,
Toi qui fais des enfants, qui te lèves matin,
Toi qui sèmes le blé, qui nargues le latin,
O Berger, dont le lait vaut cent fois l'or du mage !...

Reste donc dédaigneux, sans vivre à notre image ;
Sois sobre, sois prudent, méprise l'incertain ;
Pratique et travailleur, quelque peu libertin,
Va, souris de mes vers que le rêve endommage ;

Je t'aime !... non pas toi, grotesque, inconséquent
Qui veux singer le riche et, cherchant le clinquant,
Dépouilles par orgueil ta bienfaisante écorce ;

Mais toi, le Paysan, qui loin de la cité,
Pour nous sauver du vice as su garder la force
Et le charme vainqueur de la simplicité.

VIII

POUR LES VAGABONDS

—

A Henri Boucard.

Tandis que la lumière inonde vos fronts gais,
Que le bal au milieu des palmiers, des fougères
Égrène les colliers de vos danses légères,
Là-bas, parmi la nuit, les membres fatigués,
Sombres, les vagabonds marchent sous la froidure ;
Ils grelottent la fièvre et, trompant leur sommeil,
Attendent pour dormir que la terre moins dure
   Se soit réchauffée au soleil...

« C'est leur faute, dit-on, d'ailleurs c'est la coutume,
Ils sont faits à cela ; qu'ils cherchent du travail !... »
Et la valse s'envole et, fermant son portail,
Le riche à ses enfants cache leur amertume.
Aussi, sous leurs haillons, les pieds meurtris et froids,
Ils vont, découragés, et la haine aux yeux louches
Qui conseille le vol, qui met du sang aux doigts
   Souvent fait blasphémer leurs bouches.

Voyez-les cheminant, o vous, cœurs généreux,
Répondez sans regret à leurs humbles demandes,
Donnez ! — et, dédaigneux d'injustes réprimandes,
Osez tendre la main à tous ces miséreux !
Jetez, comme un rayon, l'espoir sur leur teint jaune,
Éclairez leurs fronts las sur la fange courbés
Et, les gardant du mal, faites plus que l'aumône :
    Relevez ceux qui sont tombés !

Vous qui savez le bien, il faut le leur apprendre ;
Parlez-leur doucement ; dites-leur qu'il est beau,
Le travail, quel qu'il soit ; ravivez le flambeau
De leur volonté pâle et faites-vous comprendre
En trouvant le secret des mots consolateurs ;
Avec l'argent donnez quelque peu de vous-même,
Donnez très largement, soyez dispensateurs
    Comme le laboureur qui sème !

Ah ! ne discutez pas !... du sol le plus ingrat
Les efforts, les soins font une terre fertile ;
L'homme le meilleur est l'homme le plus utile ;
Or empêcher le gueux d'être un jour scélérat,
C'est une tâche noble et qui vaut votre peine :
Bien des crimes sont nés parce que le dédain,
Ne baissant pas les yeux, laisse lutter la haine
    Avec l'égoïsme mondain.

C'est pour les vagabonds que notre œuvre s'est faite,
Pour ceux-là que le peuple appelle des « *va-nus* »,
Ces errants sans foyer et sans parents connus
Dont les fermes ont peur, que le gendarme arrête
Et dont plusieurs, jamais n'ont été condamnés ;
C'est pour les vagabonds !... Pour ceux qui sont les proies
Des cruautés du sort : n'hésitez pas, donnez
   Au moins les reflets de vos joies !

Voyons la vie en grand et non pas en détail,
Soyons-leur indulgents ! — en excusant leurs fautes
Évitons les affronts et les paroles hautes ;
Vêtons-les décemment, trouvons-leur du travail ;
Apprenons-leur la Foi, qui veut qu'on persévère ;
Dans leurs propos gênés cherchons la vérité.
Si les hommes ont fait la loi froide et sévère,
   C'est Dieu qui fit la charité !

IX

LE TRAVAIL

—

A Madame Roquère.

Ô Ruche, devant qui vient bourdonner le monde,
Ouvre ta porte à ceux qui prennent de la peine,
A tous ceux-là dont l'âme est de courage pleine,
Ouvre à tous les métiers, ouvre ta maison blonde ;

Travail, trouve un trésor dans la mine profonde,
Dans les cieux, sur les mers, marche sans perdre haleine,
Fais s'élever le mont où s'étendait la plaine,
Vois, tout t'appartient, l'air, le feu, la terre et l'onde ;

C'est toi l'activité, le charme du repos,
Rends nos muscles plus forts et nos cœurs plus dispos,
Sème, forge, combats, bâtis, voyage et pense !

Sois un chef-d'œuvre d'art ou sois un simple épieu,
Le même et bon soleil, dans son rayon immense,
T'apporte le sourire et le regard de Dieu !

X

BALLADE AUX BARBISTES

—

A Ernest Fouquet.

Jadis, à Fontenay, sans pleurs
Et loin des modernes névroses,
Jeune mère cueillant des fleurs,
Sainte-Barbe, les mains disposes,
Tu cueillais nos sourires roses
De petits-enfants endormis
En chantant d'adorables choses :
Aimons-nous bien, mes chers amis !

Aujourd'hui, les uns travailleurs
Combattent les métamorphoses
Du sort ; d'autres, raillés, railleurs,
Sont même aux honneurs grandioses ;
Qu'à fêter leurs apothéoses,
Ceux qui souffrent soient raffermis
Et dérident leurs fronts moroses :
Aimons-nous bien, mes chers amis !

D'ailleurs, Patronne, les malheurs,
Fort discrète, tu les supposes
Et, pour soulager les douleurs,
O Sainte-Barbe, tu disposes
De bourses n'étant jamais closes :
Nous sommes à ta loi soumis,
Par le cœur rends-nous virtuoses :
Aimons-nous bien, mes chers amis !

Envoi :

Princes, buvons, à larges doses,
A Sainte-Barbe-de-Paris,
Puis à Sainte-Barbe-les-Roses :
Aimons-nous bien, mes chers amis !

XI

SALUT A MARCEAU !

A Ferjus Boissard.

Salut à toi, *Marceau* ! Que, pour chanter ton nom,
Marchent devant tes pas la Jeunesse et la Gloire !
Soldat discipliné, de la Sambre à la Loire,
Au son clair des tambours, au bruit lourd du canon,
Passe devant nos yeux, passe au galop sonore !
Nous évoquons ton âme et ton dévoûment pur
Au drapeau trois fois saint qui dans l'air se colore
      De pourpre, de neige et d'azur !

Chartrain aux cheveux longs, pars, joyeux volontaire,
La Patrie en danger a réclamé ses fils ;
La liberté se lève acceptant les défis,
Son essor grandiose enveloppe la terre !
Va, donne-lui ton cœur et prends sa forte main,
Suis son vol à Paris et, quand Messidor brille,
Ardent, sois au milieu du peuple souverain
      Qui terrassera la Bastille !

Pars, combats sur la Meuse, à Fleurus, sur le Rhin,
Fais voir aux Vendéens l'ordre obéi sans haine
Et, triste de frapper la France dans le Maine,
Viens emporter Coblentz et ses donjons d'airain !

Général de vingt ans, modèle de l'audace,
Intègre et généreux on te voit demeurer ;
Et, quand Altenkirchen fera pâlir ta face,
        Tes ennemis vont te pleurer !

Heureux, tu n'as pas vu la foudre impériale
Soudain troubler le ciel des saintes libertés,
Tu n'as pas vu, là-bas, sur les rocs écartés
L'aigle impuissant finir sa course triomphale !
Héros sans tache, mort fidèle à ton serment,
Tes mânes entendront sans fin la Marseillaise
Et nous te saluons, toi, l'immortel amant
        De la République Française !

Toi, sacré par la Foi, qui seule fait les forts,
Et qui léguas l'exemple à tes troupes aimées,
Marceau, nous t'évoquons, guide encor nos armées,
Guide-les vers le Rhin but de tous nos efforts !
O toi, dont le Printemps vient embaumer l'Histoire,
Près de Bayard sans peur et de Jeanne aux yeux doux,
Nous buvons orgueilleux au Dieu de la Victoire
        Qui t'a fait naître parmi nous !

XII

BALLADE A JEANNE D'ARC

—

A Georges-Alfred Bachelet.

Jeanne, abandonne ta prairie,
Tes saintes t'ont dit les douleurs
Qui brisent la France meurtrie ;
Viens prendre en quittant Vaucouleurs
L'oriflamme aux pures couleurs
Que la fleur de lys armorie ;
Pars, Jeanne, Dieu bénit tes pleurs,
Ame blanche de la Patrie !

Va ! Perdu dans sa rêverie,
Le fils des Preux connaît les peurs,
Parle aux Francs : ta voix aguerrie
Soudain a chassé leurs torpeurs.
Ils s'en vont les Anglais trompeurs !...
Et devant Jeanne, Reims marie
La France à Charles, roi des cœurs,
Ame blanche de la Patrie !

En vain un prêtre t'injurie ;
S'auréolant sous tes pâleurs,
Ton front est de ceux que l'on prie,
O toi, l'espoir des jours meilleurs !
Souris aux sophismes railleurs
Qui t'accusent d'idolâtrie,
Colombe aux très pures candeurs,
Ame blanche de la Patrie !

Envoi :

Sainte Jeanne, en sœur du Christ meurs,
Vole vers la Vierge Marie,
Au ciel des éternelles fleurs,
Ame blanche de la Patrie !

XIII

1789-1889

—

JE suis la République et l'espoir de la France,
   Mon front est découvert ; le vent comme un drapeau
Fait flotter mes cheveux et colore ma peau ;
Ma force et mon travail ont vaincu ma souffrance !
Qu'on laisse à mon manteau le lys d'or du passé,
L'abeille d'Austerlitz, le sang de ma victoire :
Si j'ai voulu créer, je n'ai rien effacé,
         Je suis l'avenir de l'Histoire !

La Paix, qui fait germer les brillantes moissons,
A coupé des épis pour couronner ma tête ;
Mais dans l'air le plus bleu, devinant la tempête,
Du temps cruel et dur j'accepte les leçons.
Ce n'est pas le feu prompt qui passe en mes prunelles,
C'est le calme rayon de mon droit réfléchi,
Reflet de mon devoir et des lois éternelles
         Qui firent mon peuple affranchi.

Mon amour est divin, il ne peut être un spasme,
Je dédaigne le rut, je lave le bourbier.
Non ! Non ! Je ne suis pas la fille de Barbier,
Si belle qu'elle soit dans son enthousiasme ;
Ah ! je maudis mes fils qui s'égorgent entre eux !
Si j'attelle à mon char le lion populaire,
Je veux sa majesté, son élan généreux ;
      Mais je ne crains pas sa colère !

J'avance lentement pour ne pas reculer,
Mais chacun de mes pas doit être un progrès sage ;
Je relève tous ceux qui vont sur mon passage
Et qui m'aiment vraiment sans vouloir m'aduler.
Moi, la Liberté sainte et non pas la Licence,
Tenant dans mes bras forts des espoirs triomphants,
Je punis les ingrats, si ma munificence
      A fait injustes mes enfants...

Magistrats, jugez donc en toute conscience,
Soyez justes et bons ; combattez, o guerriers,
Illuminez mon front d'un bandeau de lauriers ;
Philosophes profonds, creusez votre science,
Chers artistes, rendez votre rêve vivant ;
Calmes prêtres, restez au fond de votre église,

Je respecte la foi, priez au jour levant,
    Guidez la morale indécise !

Le jour où j'ai gravé les droits du citoyen
Sur des tables de fer, oui, je fus la Justice
Et je mourrai plutôt que ma loi ne pâtisse !
Prolétaires, montez ! vous avez le moyen,
Le travail est à tous, mesurez votre haleine,
C'est moi qui vous protège, écartant les affronts ;
Mais toute indépendance est faite de la peine
    Et de la sueur de nos fronts !

J'aime l'Art, la Beauté, comme Pallas d'Athènes ;
Et ceux qui du travail acceptent les défis,
Ceux-là je les dirai les premiers de mes fils ;
Éternisez la voix, allumez les fontaines,
Escaladez les cieux et conduisez les vents ;
Faites briller la forge ou luire la pensée,
Vous êtes tous mes rois, ouvriers et savants,
    Fils de ma gloire commencée !

O grand siècle d'Hugo, toi qui me fis souffrir,
Qui me tuas trois fois, mais qui me fais renaître,
Je suis ta fille aînée, on doit me reconnaître !
Mon cœur est le printemps qui demande à fleurir,

Ma force est le travail qui mûrit pour éclore,
Ah ! que mes trois couleurs volent dans les clartés,
Et qu'il se lève enfin sur mon front plein d'aurore
    Le grand soleil des Libertés !...

XIV

LE SOUVENIR FRANÇAIS

Au Président Philipp.

Au loin la cathédrale et ses flèches légères
Font à ton cabinet un horizon charmant ;
Sur tes murs la glycine au doux enlacement
Serpente, en parfumant les fragiles fougères ;

Comme un essaim joli de coquettes bergères
En ronde tu conduis, époux encore amant,
Tes joyeuses amours sous un bleu firmament ;
Les voix de tes espoirs ne sont point mensongères ;

Parfois, Ami, pourtant tu fronces les sourcils
Et, malgré toi, pensant à d'immortels soucis,
Tu restes, rêveur triste, à ta fenêtre ouverte ;

Tu vois soudain passer l'étranger brandebourg,
Tu te crois en Alsace et, dans la plaine verte,
Tes yeux cherchent mouillés le münster de Strasbourg !

XV

LA FRANCHISE

A Munier-Jolain.

La Franchise n'est pas toujours la bienvenue ;
Pourtant son regard pur est clair comme un cristal,
Brillant comme un soleil du ciel oriental
Devant qui n'a jamais osé passer la nue ;

Ce n'est point tout à coup la grande Femme Nue
Qui fait étinceler son miroir de métal,
S'élance de son puits dans un orgueil brutal
Et dont chaque beauté de froideur s'atténue.

Mais quand même c'est bien, dans toute sa candeur,
La noble Vérité qui, rose de pudeur,
Lentement se dévêt sans parole outrageuse ;

Elle vient droit sur vous, prenant les bons chemins,
Et vous dit tout son cœur, douce, mais courageuse,
Les yeux au fond des yeux et les mains dans les mains.

XVI

LA BONNE FOI

—

A Émile Deschanel.

Sois mienne, Bonne Foi ! j'oserai te juger,
Toi, le Secret de Dieu !... Tu n'es point un problème
Que résout le savant et l'erreur elle-même,
Injuste en te trompant, ne peut pas te changer ;

Je te demande à tous, à l'artiste, au berger ;
Je te louerai bien haut devant qui te blasphème,
Fille de la Franchise et de l'Honneur, je t'aime
Par dessus tout au monde en mon siècle léger ;

Méprise la réserve en quête d'équilibre,
Toujours, partout à l'aise, il faut que tu sois libre
Comme l'aile du vent qui voyage dans l'air ;

Prends parti nettement et dédaigne le blâme :
La parole très droite et le regard très clair,
Sois le miroir exact qui réfléchit mon âme.

XVII

VIVE L'AUVERGNE !

A Charles Dupuy.

Sur la table fleurie, au chant clair du cristal,
Regardez, mes amis, voici le Puy-de-Dôme,
Le Sancy, le Mezinc où la bruyère embaume
Qui s'élèvent soudain avec le mont Cantal !...

Sentez dans vos cheveux passer le vent natal ;
Nous sommes sur la terre où jamais l'on ne chôme,
Où le travail sacré, seul, embellit le chaume,
Où l'on ne rougit point d'être sentimental ;

C'est l'Auvergne qui monte, où les volontés fortes
Ont dans le rocher dur ouvert de larges portes,
C'est la sainte patrie où Pascal a pensé ;

C'est le cœur de la France !... Hourrah pour la Montagne,
La Colline riante et le Mont élancé !
Nous buvons au Velay frère de la Limagne !

LIVRE SEPT

LES ENVOLÉES

I

LES VERS DORÉS DE PYTHAGORE

A Sully Prudhomme.

Sage, adore les dieux, vénère tes parents,
Honore les héros, aime celui qui t'aime ;
Sois fidèle au serment, au respect de toi-même,
Fais de ta vie un fleuve aux reflets transparents ;

Connais-toi, sois ton maître et, chaque soir, reprends
Tous tes actes du jour avec un soin extrême,
Ne compte que les bons, ôte les mauvais, sème
Ton oubli sur tous ceux qui sont indifférents ;

Les hommes sont pareils aux cylindres fragiles :
Leurs pauvres corps s'en vont, roulent, creuses argiles,
Et se brisent ; mais toi, mesure ton effort.

Ainsi la mort venant, sûr de ton équilibre,
Tu seras dieu toi-même, incorruptible, fort,
Et tu deviendras libre, au milieu de l'air libre !

II

PLATON

—

A Adolphe Wattinne.

Phidias sculpta Zeus dans l'or et dans l'ivoire,
  Pour nous montrer la force et l'humaine beauté
Plus grandes que nature ; il mit la majesté
Sur son front rayonnant de l'immortelle gloire.

Voulant frapper nos yeux pour nous faire mieux croire,
Dans le marbre éternel Michel-Ange a sculpté
Iavèh qui triomphe, ayant à son côté
Les Prophètes sacrés, scribes de son Histoire.

Apellès fit Vénus aux yeux remplis d'azur
Et Raphaël a peint les Vierges au sein pur
Pour allaiter Celui qui sauvera le monde…

Les poëtes s'en vont vers les astres de feu
Pour cueillir les reflets de la splendeur profonde
Et l'Homme s'embellit pour ressembler à Dieu.

III

JÉSUS

—

Au Docteur Frédéric Bodinier.

En ce temps-là, Saint-Jean, l'apôtre des tendresses
Sur l'épaule du Christ, découragé, pleurait :
« O Maître, disait-il, apprends-moi ton secret,
« Je tombe sous le poids des humaines détresses ! »

Et Jésus répondit : « Il n'est point d'allégresses,
« En ce monde, cher fils, mais voici qu'apparaît
« L'ère des Temps nouveaux : donne-toi sans regret,
« Vers les cœurs attristés, il faut que tu t'empresses.

« Tu dois avoir pleuré pour savoir consoler,
« Suis la Loi de l'Amour, ne va point t'isoler
« Dans les chagrins profonds ; dis à mon peuple : « Espère ! »

« De faible deviens fort comme un aigle puissant
« Pour t'envoler vers moi dans les cieux de mon Père,
« Quand j'aurai baptisé la Terre de mon sang. »

IV

LA « MADONE » DE DAGNAN-BOUVERET

—

Devant son humble porte, où parmi les clartés,
La vigne-vierge élève un dôme d'espérance,
La Madone, grand lis que le zéphyr encense,
Marche, emblème charmant de toutes puretés ;

Ailes plutôt qu'habits, ses vêtements lactés
Enveloppent ses bras, — nid calme — où se balance
Le sommeil de Jésus. Sa tendre nonchalance
Invite à son repos mes songes tourmentés.

Béni soit le pinceau dont les mystiques traces
Te firent si candide et si pleine de grâces
O Maria, Rayon qui souris doucement !

Je salue à genoux ta chaste modestie,
Ton front qui s'auréole et ton regard aimant
Où ton âme apparaît blanche comme l'hostie.

V

L'« ALMA MATER » DE GUSTAVE COURTOIS

—

Salut, o Maria, Vierge candide, Image
Du calme triomphant, de la pure beauté,
Tends-moi ta main de lis qui verse la clarté,
Regarde d'un œil doux mon misérable hommage.

Mon espoir a faibli, le doute l'endommage,
Son essor n'est plus libre, il n'est plus indompté ;
Mais mon orgueil, rempli de bonne volonté,
S'abaisse devant toi, digne comme un roi Mage ;

Ah ! presse sur ton sein, dans tes bras enfermé,
Ton enfant et ton Dieu, ton Jésus bien-aimé,
Lui, le Sauveur du Monde, attendant le martyre !

De même sur mon cœur qu'ont meurtri les adieux,
Qui va saigner encor, que la douleur attire,
Je serre mon amour, divin comme vous deux.

VI

TU NE TENTERAS POINT...

Au Sculpteur Camille Galé.

Depuis quarante jours, dans le désert, Satan
S'approche de Jésus ; il menace, il blasphème,
Il défie Iavèh, maudit son anathème
Et veut tenter son fils comme il surprit Adam.

« Tu ne tenteras point, répond Jésus, va-t-en ! »
Alors, lui, se fait femme, il ment, il dit : « Je t'aime,
« Relève-moi, je viens demander le baptême,
« O Maître, remets-moi tous les péchés d'antan ! »

Ses yeux paraissent purs, ses lèvres innocentes ;
Et, tendant vers le Christ ses deux mains caressantes,
De l'ange il a repris la parfaite beauté ;

Mais, le Fils a prié... Dieu ne veut pas qu'il tombe
Et l'on voit dans le ciel son regard non tenté
Vers le Père monter semblable à la Colombe.

VII

NIRVANAH

A Louis André.

Mon âme, hélas ! ainsi qu'une pauvre hirondelle,
Dont le vol effleura la surface de l'eau,
Tu descends quelquefois sur le bord du tombeau,
Mais tu remontes vite à l'orient fidèle.

Vole dans l'infini, fuis, monte à tire d'aile ;
Ton rêve n'est jamais, si blanc, si pur, si beau,
Qu'un splendide mensonge et son pompeux flambeau
Ne s'en use pas moins ainsi qu'une chandelle.

Aussi, tel l'Indien qui, mains jointes, s'endort
Et cherche tout vivant les charmes de la mort
Au mol encensement des cèdres magnifiques,

Je voudrais m'isoler de ce monde qui ment
Et même, dédaigneux des splendeurs séraphiques,
Sans rêves, savourer l'anéantissement !

VIII

LA NUIT DE NOEL

A Madame Borget.

Salut, nuit de Noël, plus douce que la voix
De l'amour éperdu, pure comme un cantique
Qui monte aux pieds fleuris de la Vierge mystique,
Pure nuit de Noël comme l'air pur des bois !

Salut, nuit de Noël, plus blanche que la neige
Et que les nuits du pôle, où, dans les cieux charmants,
Le chœur des anges vient, léger comme un arpège,
T'apporter des grands lis nimbés de diamants !...

Salut ! trois fois salut ! — o si transparents voiles
Qu'on voit le Paradis, o nuit plus belle encor
Que la nuit de Saint-Jean, plus belle en ton décor
Que les nuits de Septembre où pleuvent les étoiles !

Nous t'offrons l'arbre vert et la solide foi
Que donne à des amis l'union fraternelle ;
Les cœurs et les rameaux s'inclinent devant toi,
Pour célébrer, o Nuit, ta candeur éternelle !...

Jeune et riant sapin, nous t'offrons à Noël,
Resplendis chargé d'or sous tes mille bougies ;
Sous tes papiers d'argent et tes pommes rougies,
Emprunte les reflets des beaux jardins du ciel !

Ah ! tu ne seras point le mât du fier navire
Qui dresse sur les flots le pavillon français,
Tu ne porteras pas le fil qui sait nous dire
Les rapides discours brefs comme des versets ;

Tu ne soutiendras point, à la force de l'âge,
Le clocher de l'église ou le toit des maisons ;
Tes frères seuls seront les éclatants tisons,
Les berceaux, les cercueils et les mais du village.

Adieu tes compagnons les thyms et les genêts,
Adieu les amitiés des coquettes fougères,
Les mousses, les lichens, l'appel des sansonnets,
Le salut des chevreuils, le repos des bergères !

Mais, ne regrette rien, ni le vent du matin
Ni l'ardeur du soleil, ni la fraicheur des brandes ;
— Transplanté de la Terre au Pays des Légendes, —
Tu deviens la lumière et le rêve lointain !

Tu deviens le symbole aimé des fois naïves
Et ton vert trop foncé tout à coup s'éclaircit,
C'est le vert d'émeraude aux nuances très vives,
C'est le vert de l'espoir à qui tout réussit !

Couvre-toi de lueurs, de clairs de lune blancs !
Pour la douzième fois la vieille horloge tinte,
C'est toi l'hymne sacré, toi la vision sainte
Qu'on distingue à travers les feuillages tremblants !

Arbre, réjouis-toi, sous le parfum des cires,
Sous les baisers du feu, sous les jolis cadeaux ;
Distille les encens, les baumes et les myrrhes ;
Devant nos yeux humains fais tomber tous bandeaux !

Il est né, l'Enfant-Dieu, dans la crèche et la paille,
Viennent le berger pauvre et le mage puissant !
Il est né, celui-là qui nous donne son sang ;
De liesse et d'amour que l'univers tressaille !

Noël ! le pauvre est roi ! gloire au plus haut des cieux !
Louanges, déroulez l'immense banderole,
Chantez en tous les temps, chantez en tous les lieux ;
Accourez, Chérubins, en longue farandole !

O branches, parez-vous des tons de l'arc-en-ciel,
Des frissons de l'étoile et des perles du givre ;
Retentissez, hautbois, sonnez, trompes de cuivre,
Hosannah, Hosannah, c'est la nuit de Noël !

IX

15 MARS 1891

—

A Madame de Banville,
A Georges Rochegrosse.

Ce n'est pas la mort, Maître aimé,
Qui te vient chercher, c'est Florise ;
C'est ta muse, l'œil animé,
Celle qu'un astre favorise
Qui t'emporte où Dieu symétrise,
Poëte éternel du décor,
Les proses de l'humaine crise,
Banville, o roi des rimes d'or !

En veillant, mon cœur alarmé,
Pour se consoler, thésaurise
Les vers de toi qui l'ont charmé ;
J'entends tomber la brume grise,
Le ciel pleure avec ceux que brise
L'adieu, qui t'appellent encor !...
Mais ton nom léger s'aërise,
Banville, o roi des rimes d'or !

Tu fis, purement renommé,
Les chefs-d'œuvre de ta maîtrise ;
Immortel, enthousiasmé,
Va, reporte ta lyre exquise
Au paradis qui l'a conquise !
Tel le printemps qui prend essor,
Calme, envole-toi, suis la brise,
Banville, o roi des rimes d'or !

Envoi :

Prince, que l'air libre te grise
Plus haut que le nid du condor,
Là-bas où l'arc-en-ciel s'irise,
Banville, o roi des rimes d'or !

X

SÉLÉNÈ

> .... *D'où-viens-tu, triste flamme ?*
> Charles MASSENET.

D'ou je viens ? où je vais, avec mes grands yeux tristes
Qui semblent regarder au fond des cœurs aimants ?...
Je n'en sais rien : je passe et, sur les flots dormants,
J'unis mes diamants aux sombres améthystes.

Ne m'interroge pas ! — Il faut que tu persistes
A m'aimer sans savoir... On te dit que je mens,
Que, méchante, je ris d'entendre les serments
Des couples amoureux, les plaintes des artistes ;

Ah ! n'en crois rien, Ami !... Je voile le tombeau
Sous l'aile du baiser éternellement beau,
Je suis d'un rayon doux le rêve qui s'élance.

Je sais tous les secrets et ne veux point parler,
Dans le calme c'est moi la Vierge du Silence,
Je viens sécher les pleurs que l'Amour fait couler !

XI

PANTHÉISME

A Joseph Dubois.

Le soir, j'ai quelquefois un désir absolu
De mourir tout à coup en ma pleine jeunesse :
Je ne veux pas savoir s'il faut que je renaisse,
Ni regarder au fond du tombeau vermoulu.

Je m'en vais, dédaigneux de tout ce qui m'a plu,
Doucement je m'en vais dans le vent qui s'empresse,
Dans le jour qui s'enfuit, dans la nuit qui se dresse,
Dans le sommeil profond, dans l'astre irrésolu...

Il me semble qu'alors je deviens quelque chose
De l'éclat du rayon, du parfum de la rose,
De la sève de l'arbre et du reflet de l'eau ;

Je ne me souviens plus du mal qui me torture,
Mon cœur dissous se change en un miroir très beau
Qui reflète, introublé, l'impassible Nature.

XII

ROCHEFORT-MONTAGNE. 1888

—

Là, dans ce cimetière, humble mais spacieux,
En plein champ, loin du bruit, des orgueils éphémères,
O Père, enfin j'ai pu, les larmes moins amères,
Ramener dans la paix vos restes précieux.

Dormez là, sous la pierre, où, sans un nom d'aïeux,
Veille une grande croix, volonté de nos mères,
Dont la foi sainte a fait les souffrances chimères
Et n'a vu dans la mort que le voyage aux cieux.

Les herbes poussent bien, mais la fleur les décore,
Les tombeaux clairsemés ne semblent point encore
De très riches maisons, les oiseaux n'ont pas peur,

Et sur les hauts gazons le Printemps, sans nausée,
Laisse son matin blanc et sa molle vapeur
Poser, émus d'espoir, les pleurs de la rosée !

XIII

A MA MÈRE

—

Je fais ce simple vœu : lorsque vos doigts tremblants,
Mère, ne pourront plus entr'ouvrir mes paupières
Et que mes membres longs et froids comme des pierres
Seront enveloppés dans vos draps les plus blancs :

Maman, écoutez-moi !... Tout le long de mes flancs
Et dans mes mains placez les lettres familières
De mes meilleurs amis dont les âmes si fières
M'ont souvent consolé de chagrins accablants ;

Sans blâmer leurs secrets, sur mes yeux et mes lèvres
Qui remercieront Dieu d'avoir connu les fièvres
Qui font aimer, jetez les messages d'amour,

Et sur mon pauvre cœur que le rêve éphémère
N'a pas découragé, s'il repose à son tour,
Posez pour l'embaumer vos lettres, o ma Mère !

XIV

LA MONTÉE

—

Jeune homme, crains les orages du cœur!...
Monseigneur LAGRANGE.

I

Ils ont passé sur lui, les orages du cœur,
Ils ont bouleversé sa récolte future,
Ils l'ont meurtri, meurtri, sous leur brusque torture,
Comme un Saint-Sébastien, mais il est leur vainqueur !

Ils ne l'ont point brisé ! Dans ce siècle moqueur
Il lut dans chaque éclair l'auguste signature
Du Seigneur éprouvant sa candide nature ;
Il but les pleurs qui sont une saine liqueur.

Son cœur est resté droit parmi la flamme torse
Et gardant, introublé, le culte de la Force,
Il cherche encor partout le Vrai, le Bien, le Beau ;

Il a droit au respect, malgré de lourdes fautes :
S'il a vu, foudroyé, les gouffres du tombeau,
C'est qu'il allait toujours sur les montagnes hautes !

2

Tout le jour la Raison à la forte cervelle,
Avec de puissants bœufs, laboure lentement
Les champs pierreux et secs de notre entendement ;
Mais soudain le sol manque, un gouffre se révèle...

Le front illuminé par la « Bonne Nouvelle, »
Ailes grandes, la Foi, parmi le firmament,
Fait voler ses coursiers ferrés de diamant,
Franchit l'abîme et croit tout expliqué par elle ;

Mais l'Inconnu profond baillant sur le Néant —
Problème irrésolu, — reste énorme, béant,
Sans cesse engloutissant les clartés les plus vives ;

Il n'est pas de rayons, il n'est pas de chemins
Et dans l'ombre pourtant je veux trouver des rives :
Je cherche encor, hélas ! en pleurant dans mes mains !

3

Non, je vois la Lumière au fond de l'Infini,
Je monte sur la cîme et j'apprends son symbole :
« Elle brille pour tous, » muette parabole
Plus éclatante encor que le « Sabactani ! »

Par elle le vieux monde est toujours rajeuni,
C'est le Buisson Ardent, c'est le Char qui s'envole,
C'est le Feu de l'Esprit, mieux ! c'est l'Œil bénévole
Du Dieu d'Amour que tous les peuples ont béni.

Sous les murs merveilleux des églises gothiques,
L'ostensoir trois fois saint qu'adorent les cantiques
N'est qu'un des cent miroirs épris de sa clarté :

Ses rayons sont égaux, sa flamme est fraternelle,
Elle parcourt l'espace en toute liberté ;
O Père, je la vois, la Lumière éternelle !

4

Mais, la maison de Dieu, celle que nous aimons,
Ne se ferme jamais pour qui veut la connaître ;
Les pôles sont les gonds de sa vaste fenêtre,
Les prés sont ses tapis avec les goëmons ;

Ses plafonds sont les cieux ; ses étages, les monts ;
Les restes d'une ville ou les débris d'un être
Ne la touchent pas plus ; elle voit tout renaître
Et dédaigne sans fin l'orgueil des Salomons.

Sous l'éclat des soleils, des aurores fleuries,
S'alignent devant elle, en longues théories,
Les arbres des forêts et les flots de la mer...

O Dômes, Panthéons, Églises tripartites,
Pagodes, Minarets, Temples d'or ou de fer,
Qu'elle est grande et combien vos portes sont petites !

XV

LA MORT DES DIEUX

—

A Louis Baudet.

Dans l'Égypte, et la Grèce, et l'Inde, et la Judée,
Les dieux se sont perdus au fond de l'infini ;
Isis, Zeus ou Brahma, voient leur règne fini,
Bien qu'ils soient créateurs de l'éternelle Idée ;

Toi, le plus beau de tous, Christ, si persuadée
Que soit ta calme voix, tu n'es plus qu'un banni ;
N'es-tu qu'un homme, hélas ! et ton nom trop béni
Doit-il lasser enfin notre étude accoudée ?

O Législateur doux qui fis la Loi d'Amour,
Rêveur de la montagne, appelle encore autour
De tes apôtres saints les enfants et les femmes ;

Chante, Poëte cher !... mais, tes frères aimés
Abandonnent ta croix, o Jésus, roi des âmes ;
Ils ont poussé sans toi, les blés qu'ils ont semés !

XVI

L'INCONNU

Au Docteur Paul Benoist.

Prodigues de leur sang et las de leurs suées,
Les antiques Géants et les Anges démons
Entassèrent en vain les orgueils et les monts
Pour voir qui demeurait au milieu des nuées...

Les yeux lourds de sommeil, les mains exténuées,
Les Sages ont pétri, repétri les limons
Pour trouver qui dit : « Germe ! » au blé que nous semons
Et dit : « Races, sans fin soyez perpétuées ! »

Que de fois Prométhée, inventeur criminel,
Sur l'audace est monté jusqu'aux portes du ciel
Demander les secrets des sources de la vie,

Mais la maison est close et la Terre, et le Feu,
Et l'Air et l'Eau, malgré son invincible envie,
N'ont pas pu dire à l'Homme où se cachait son Dieu.

XVII

L'ÉTERNEL

Au Comte Ostrorog.

Toute religion, parce que l'homme passe,
A, malgré ses beautés, des dogmes hésitants ;
Pourtant, même et charmant, revient chaque printemps,
Et toujours le soleil illumine sa face ;

La pyramide croûle ; à la longue s'efface
Le nom de tout César ; seuls, les cieux sont constants ;
Le Temps mange les dieux, mais Dieu mange les temps,
Lui qui remplace tout, lui qui peuple l'espace ;

Mystérieux et calme, il reste le bras fort
Qui sème à l'infini le baiser et l'effort ;
Balancier juste, il suit sa marche coutumière,

Et lui, l'Être incréé, qui sait la vérité,
Il fait naître et mourir, il garde la Lumière
Dans toute la splendeur de son éternité.

FIN

TABLE DES MATIÈRES

	Pages
La Foi	1

LIVRE PREMIER : **Les Silencieuses**

I.	L'Auvergne	7
II.	Le Nuage	8
III.	Les Yeux de Grand'Mère	9
IV.	Ballade de l'Idéal	12
V.	La Volonté	14
VI.	Les Vieilles Amitiés	15
VII.	La Source	16
VIII.	*L'Été de Saint-Martin*	17
IX.	Philosophie	18
X.	*Le Souvenir n'est point*	19
XI.	Lohengrin	20
XII.	L'Art	21
XIII.	Ballade contre les Bras de la Vénus de Milo	22
XIV.	Diane de Falguière	24
XV.	A une Statue de la Cathédrale de Chartres	25
XVI.	Ballade à la Lune	26
XVII.	Pendant le Trouble	28
XVIII.	Les Maisons abandonnées	29
XIX.	Les Sapins du Mont-Dore	30
XX.	Ballade à Maître Cléry	33
XXI.	Jeune Fille se confiant à un Oiseau	35
XXII.	La Fuite en Égypte	36
XXIII.	Pantomime	37

XXIV. Le Baiser.		38
XXV. Sonnet chartrain		39
XXVI. Deux Dessins de Louis Legrand		40
XXVII. L'Indifférence		42
XXVIII. L'Abbesse de Jouarre		43
XXIX. La Nuit		44
XXX. La Chanson du Rêve		45
XXXI. L'Indulgence		47
XXXII. Jour des Morts		48
XXXIII. La Bonté		50
XXXIV. La Reconnaissance		52
XXXV. L'Amour absent		53
XXXVI. *Vous êtes de ces cœurs*		55
XXXVII. Berceuse		56
XXXVIII. Intimité		57
XXXIX. Le Passé		58
XL. Extase		59
XLI. La Chanson du Silence		60

LIVRE DEUX : **Les Aimantes**

PREMIÈRE PARTIE

I. *Je voudrais être un fleuve*		65
II. *Entre toutes les Fleurs*		67
III. *Comme un beau rayon*		68
IV. *Hier soir au fond du ciel*		69
V. *Écoute l'Angelus*		70
VI. *Tel l'ouvrier savant*		71
VII. *Prends mon âme*		72
VIII. *Stella, j'aime ta lèvre*		73
IX. *Tes yeux sont bleus*		74

X.	*Tu m'envelopperas*	75
XI.	*Cathédrale d'amour*	76
XII.	*Si je dois mourir jeune*	77
XIII.	*Tu viens de me quitter.*	79
XIV.	*Je suis triste à cause de toi*	80
XV.	*Sans retour, les oiseaux*	82
XVI.	*Vous m'avez peiné*	83
XVII.	*Tout change ici-bas*	84
XVIII.	*La Mandragore*	85
XIX.	*Napoléon-le-Grand*	86
XX.	*Ton cœur est un oiseau.*	87
XXI.	*Parfois te sentant loin*	88
XXII.	*Ne pouvant plus te voir*	89
XXIII.	*Sur une feuille on voit.*	90
XXIV.	*Vous m'avez dit : « Brûlez*	91
XXV.	*Légère, de ma bouche*	92
XXVI.	*Les morts vont vite*	93
XXVII.	*Sans rien dire, pansez.*	94
XXVIII.	*Je bois à mes amours*	95

DEUXIÈME PARTIE

I.	*Amour nouveau.*	97
II.	*Quand même*	98
III.	*Absolue tendresse*	102
IV.	*Désaccord.*	103
V.	*Tristesse*	104
VI.	*Les Pleurs*	105
VII.	*Berceuse à mon amour blessé* . . .	106
VIII.	*Adieu.*	108
IX.	*Pensée fidèle.*	110

X.	Nuit d'Août	111
XI.	Les Yeux silencieux	112
XII.	Séparation	113
XIII.	Amour agonisant	114
XIV.	Départ	115
XV.	Avril	116
XVI.	20 Mars	117
XVII.	A ma Muse	120
XVIII.	A celle que j'aimerai	123

LIVRE TROIS : **Les Plaintives**

I.	L'oubli	129
II.	Étoile perdue	134
III.	Chanson arabe	136
IV.	L'Eider	138
V.	Chanson malaise	142
VI.	Sur des lettres brûlées	144
VII.	Chant de Bacchante	146
VIII.	Adonis	148
IX.	Rose mourante	149
X.	L'Indécision	151
XI.	La Tendresse	152
XII.	Ballade des petits enfants morts	153
XIII.	Rondel triste	155
XIV.	Sur un tableau de René Lelong	156
XV.	La Névrose	157
XVI.	Rengaine	158
XVII.	Au bord de la mer	160
XVIII.	Château de Manre	161
XIX.	Ballade à la misère dorée	162

XX. Regrets qui tintent. 164
XXI. Adieu à ma jeunesse 166
XXII. Regret. 167
XXIII. Tantale 168
XXIV. Les Plaintes 169

LIVRE QUATRE : **Le Cantique des Cantiques**

I. Le Harem de Salomon 175
II. Le Rêve de la Sulamite 182
III. Le Cortège de Salomon 185
IV. Le Palais de Salomon. 187
V. Les Plaintes de la Sulamite 191
VI. Salomon offre son amour à la Sulamite 196
VII. Le Bien-Aimé vient chercher la Bien-Aimée. 202

LIVRE CINQ : **Les Fleuries**

I. La Rose vraiment rose 209
II. Les Verveines 210
III. Merci. 211
IV. Pour une Image découpée 212
V. La Rose de Bengale 213
VI. Portrait taquin 214
VII. Broderie 215
VIII. L'Œillet blanc 216
IX. Le Bleuet. 217
X. Sur un portrait de la princesse Bacciochi 218
XI. Le Lilas de Perse 220
XII. Les Boutons d'or 221
XIII. Trois Dessins de Félix Régamey . . 222

XIV.	La Bourrée	225
XV.	L'Amour et Psyché	226
XVI.	Avant Ascanio	227
XVII.	Ballade du Forgeron	228
XVIII.	L'Été en Beauce	230
XIX.	Pour remercier Madame Reibell	231
XX.	La Cascade	232
XXI.	La Ménade	233
XXII.	Chevelure	234
XXIII.	La Capricieuse	235
XXIV.	La Giroflée de muraille	236
XXV.	Le Paysagiste	237
XXVI.	Ballade d'Éros	238
XXVII.	Blason	240
XXVIII.	Le Bruit de la Mer	241
XXIX.	Ballade du Rossignol	242

LIVRE SIX : **Les Fraternelles**

I.	Fraternité	247
II.	Égalité	248
III.	Liberté	249
IV.	Apaisement	250
V.	La Question sociale	251
VI.	L'Ouvrier	252
VII.	Le Paysan	253
VIII.	Pour les Vagabonds	254
IX.	Le Travail	257
X.	Ballade aux Barbistes	258
XI.	Salut à Marceau	260
XII.	Ballade à Jeanne d'Arc	262

XIII.	1789-1889	264
XIV.	Le Souvenir français	268
XV.	La Franchise	269
XVI.	La Bonne Foi	270
XVII.	Vive l'Auvergne	272

LIVRE SEPT : **Les Envolées**

I.	Les Vers dorés de Pythagore	275
II.	Platon	276
III.	Jésus	277
IV.	La Madone de Dagnan-Bouveret	278
V.	L'Alma Mater de Gustave Courtois	278
VI.	Tu ne tenteras point	279
VII.	Nirvanah	281
VIII.	La Nuit de Noël	282
IX.	15 Mars 1891	286
X.	Séléné	288
XI.	Panthéisme	289
XII.	Rochefort-Montagne	290
XIII.	A ma Mère	291
XIV.	La Montée	292
XV.	La Mort des Dieux	296
XVI.	L'Inconnu	297
XVII.	L'Éternel	298
Table des Matières		301

Achevé d'imprimer

le 1ᵉʳ Septembre mil huit cent quatre-vingt-quatorze,

Par Gouhier-Delouche

Imprimeur à Nogent-le-Rotrou

www.ingramcontent.com/pod-product-compliance
Lightning Source LLC
Chambersburg PA
CBHW060415170426
43199CB00013B/2146